Para

De

Fecha

MODUS
OPERANDI
DE LAS
TINIEBLAS
DR. MARIO H. RIVERA

Publicado por
JVH Publications
11830 Miramar Pwky
Miramar, Fl. 33025

Segunda edición 2014

ISBN 1-59900-114-4

Diseño de la portada e interior: Esteban Zapico
Corrección y edición: JVH Publications
Impreso en USA
Printed in USA

Categoría: Guerra Espiritual

ÍNDICE

Dedicatoria VIII
Agradecimiento IX
Introducción XI

Capítulo 1 1
Los Esquemas Espirituales

Capítulo 2 31
Los Esquemas Diabólicos

Capítulo 3 55
Los Esquemas de los Ataques Sorpresivos

Capítulo 4 83
El Libro de las Guerras de Satanás

Capítulo 5 115
Las Estrategias del Enemigo

Capítulo 6 185
Las Jerarquías Espirituales

Capítulo 7 223
Las Pestilencias de las Tinieblas

Capítulo 8 261
Los Esquemas de las Tentaciones

Capítulo 9 383
Los Esquemas de las Siete Tentaciones

Capítulo 10 317
Las Ardides del Enemigo en el Matrimonio

DEDICATORIA

A mi esposa Luz, amiga y fiel compañera en las luchas de todos los días por la libertad de las almas y quien se ha convertido durante estos 33 años de casados en fuente de amor, respeto, apoyo, paciencia y de todas las cosas bellas que hemos pasado juntos.

A mis hijos Mario Jr., a Natalie y su esposo Ezequiel, a Douglas, Samuel y mi nieto Jeremías para quienes me he convertido en su protector desde el primer día de nacidos y por quienes lucho y trato con todo el corazón de ser ejemplo en búsqueda de Dios y amor a su Palabra.

A mis intercesores de la congregación de Llamados a Conquistar en Oregón, a las ayudas ministeriales y a todos aquellos que en todo lugar levantan oración por mí, para ellos deseo que puedan descubrir y experimentar la victoria de la libertad.

Y sobre todo a mi Señor Jesús por cuyo poder todas las cosas son posibles.

Dr. Mario H Rivera.

AGRADECIMIENTO

A mis amigos y hermanos en Cristo Jesús, Jorge Luis Rodríguez y Doris Loy de Rodríguez por su colaboración en la redacción de este valioso material.

Que todas las bendiciones que se declaren a mi vida por causa de este libro sean también para ellos, por su aportación, ya que sin ella me hubiera tomado mucho tiempo el finalizarlo.

A los pastores Luis Mussio y Maria Mussio les agradezco con todo mi corazón su participación valiosa en en trabajo de la 2da corrección de este libro, y mis oraciones serán por siempre a favor de sus vidas y de la obra ministerial que ellos también realizan para el reino de Dios, que El Padre Eterno les prospere y les bendiga. Gracias por su apoyo desinteresado y amoroso en Cristo Jesús nuestro salvador.

Gracias y bendiciones desde el fondo de mi corazón a mis amados hermanos y amigos en Cristo Jesús.

Apóstol Mario H. Rivera.

INTRODUCCIÓN

De la astucia que emplea un detective especialista en criminología, surge el término "*MODUS OPERANDI*". El cual consiste en determinar la forma en que opera un sospechoso involucrado en un acto delictivo. Es necesario buscar pistas, evidencias, informaciones y todo lo relacionado para concluir en la captura del que se considera un enemigo.

En la historia de la Iglesia de Cristo se puede ver y notar que, en los tiempos del Apóstol Pablo ya existía cierto conocimiento acerca de los planes del enemigo; es decir, la forma de averiguarlos por medio de un método. La base bíblica que se puede citar es la que menciona Pablo a los Corintios cuando dice: "*Porque no ignoramos los ardides de satanás*"... La palabra ardides en griego es */methodeia/*, que quiere decir: Métodos, insidias, sistemas o esquemas. Esto quiere decir que en ese entonces, el no ignorar implicaba conocer la forma de actuar, por lo tanto partiendo de ese conocimiento se puede levantar un procedimiento detallado para lanzar una defensa y por consiguiente un contra-ataque.

Si en el tiempo al que se refiere Pablo, la Iglesia conocía de ello, surge aquí el interrogante: ¿Por qué la Iglesia de Cristo del tiempo presente ha sufrido estragos y bajas desconociendo los planes del enemigo para evitar sus ataques?

Como resultado de una amplia y minuciosa investigación por espacio de más de quince años, el Apóstol Mario Rivera ha recopilado este material que te ayudará a conocer y a entender las diversas estrategias que utiliza el enemigo para causar daños en la vida del creyente. Al conocer su Modus Operandi, la cual es una terminología de tipo militar entenderás su composición, cantidad, tipo de armas y forma de ataque.

A través de la lectura de este interesante libro podrás entender todo lo que utiliza el enemigo para saber acerca de ti y de todos aquellos que han sido llamados para servir a Dios.

De acuerdo a lo que el profeta Ezequiel declara en su propio libro en el capítulo 21:21. El Rey de Babilonia se para en la bifurcación para ver la historia familiar, consultar a los ídolos domésticos, alcanzar la interpretación por medio de la práctica de los hígados y el sacudir de las saetas, que no son sino los mas altos niveles de practica de ocultismo que se utilizaban para obtener información por medio de agentes demoniacos. La bifurcación son dos caminos, dos realidades de la vida del creyente los cuales le quedan al frente.

Es de considerar que hoy gracias a la revelación que Dios está derramando en este tiempo final, se puede recibir la estrategia para detectar primeramente todos aquellos planes del enemigo y así estar listos para la batalla.

Cada página del siguiente material te llevará a incursionar el amplio mundo de los esquemas desarrollados en detalles que te ayudaran a pelear la Buena batalla de la fe y ser un creyente victorioso.

CAPÍTULO 1

LOS ESQUEMAS ESPIRITUALES

Los

Muchas personas batallan con su pasado por largo tiempo. Hay quienes llegan a la iglesia y permanecen congregados por años y sus vidas siguen igual; dicen que no han tenido cambios, es mas, los años vienen y van y ellos siguen en la misma condición que cuando llegaron. Sin embargo, Dios tiene preparadas enseñanzas que quiere que aprendamos, para recibir los cambios necesarios, las mismas se pasan por alto y eso no les permite que hayan los cambios verdaderos en sus vidas. Pero, si realmente, está el deseo de ser más que vencedores y victoriosos en todo, esas enseñanzas hay que aplicarlas y hacer que trabajen en nuestra manera de vivir y de esta forma el enemigo no podrá tomar ventaja.

Hay gente dentro de la iglesia (no sólo de nuestra congregación, sino de la iglesia de Cristo que está en todo el mundo) que se preguntan: -¿por qué tanto nos predican de guerra espiritual, de las batallas del alma, de la conquista que debemos llegar a tener?

¿Por qué mejor no dejamos tranquilo al diablo y así no vamos a tener problemas?

Pero ésta no es la actitud correcta para la batalla, sino mas bien es una expresión de miedo y de cobardía. No podemos ser pasivos contra el reino de las tinieblas, porque el enemigo no nos va a dar tregua, él se va a levantar en contra nuestra y nos va a hacer la guerra, así que es mejor que estés preparado para hacerle frente con un carácter combativo.

Si sufres un ataque te tienes que levantar nuevamente en el nombre de Jesús y proseguir hacia adelante, no quedarte postrado lamentándote, así que levántate, sacúdete del polvo, pon tu mirada en Dios y continua adelante.

Si no te vuelves agresivo en contra del reino de las tinieblas, jamás experimentaras la vida de abundancia que hay en el reino del Señor Jesucristo. La Biblia dice que el Señor vino a dar vida, y vida en abundancia. Y no necesariamente solo abundancia en lo material, sino también vida primeramente en nuestra alma, también en el espíritu y el cuerpo.

Juan 10:10 LBLA El ladrón sólo viene para robar y matar y destruir; yo he venido para que tengan vida, y para que la tengan en abundancia.

Abundancia en muchos aspectos al como: material, emocional, intelectual, en sabiduría, en paz y en intimidad con Dios. Pero, ten presente esa abundancia no es automática sino que hay que conquistarla.

EL SEÑOR TE DA EL DERECHO DE QUE CONQUISTES

A Israel le prometió el Señor una tierra de abundancia, donde fluye leche y miel, tierra de palmeras, de granados, de higos, de manantiales, de cebada, de ríos, de árboles frutales, una tierra de gran abundancia; pero también le dice:

> **Tienes que vencer siete razas de gigantes que están en esa tierra, y si quieres la abundancia los vas a tener que derrotar.**

Dios deja "*algo*" siempre para que en algún momento se haga una especie de oposición en tu vida, para que desarrolles "una fuerza". Dios no quiere que seas un cristiano mediocre, que todo sea automático, ¡no! Él no quiere que seas automático, el Señor quiere que hagas algo por demostrar un carácter nuevo ante Él. Muchos cristianos dicen: "por la fe haremos esto o aquello", pero en la realidad no te mueves para hacer las cosas. Así que la fe que dices que profesas, debes ponerla en práctica que produzcan obras, para que prosperes.

¿Será posible que el diablo te gane la batalla cuando Dios ha prometido estar contigo todos los días de tu vida hasta el fin del mundo? ¿No le dijo el Señor a Josué... "*Yo estaré contigo, solo ocúpate de hacer lo que mi siervo Moisés te enseño*"...? ¡No, el enemigo no ganará ninguna batalla, porque Dios prometió pelear por ti! Aunque el enemigo es poderoso, Dios es el Todopoderoso y está siempre favor de ti y nunca ha perdido una sola batalla, Él es guerrero victorioso, y dijo en su Palabra que estaría siempre con todo aquel que confié en Él.

¿Por qué hay gente que están perdiendo las batallas aún cuando tienen a un Dios Todopoderoso? Porque Satanás tiene esquemas. Pero si descubres esos esquemas, entonces el enemigo no puede hacer nada en contra de ti. Pero si nos conoces, estos esquemas, entonces podrás llegar a tener guerras de largo plazo, es decir: ***"estarás guerreando año tras año la misma batalla."*** Se prolongará tanto que llegará un momento en tú vida cristiana que dirás: No aguanto más, ya estoy cansado, me siento derrotado. Por eso muchos, dejan la comunión con Dios, ya no se congregan, dejan de estudiar y leer la Palabra, abandonan todo, y se dan por vencido, porque la guerra en contra de ellos duró mucho.

¿Cuántos ministros no han dejado la obra del Señor porque la guerra que tuvieron se les alargó demasiado y se dieron por vencidos? También puede suceder en cualquier área de nuestra la vida, en la que Dios nos ha llamado, podemos llegar a decir, que abandonamos todo el esfuerzo que un día hicimos y dejamos todo atrás. Pero la Biblia nos enseña el por qué Dios nos deja "*algo*" siempre de batallas; y también nos da la explicación de porque una batalla se puede incrementar tanto tiempo, a tal manera que se convierte en una batalla a largo plazo.

¿Cuántos han aprendido a enfrentarse en guerra contra Satanás cuando tienen que hacerlo?

Jueces 3:1-2 LBLA Y estas son las naciones que el SEÑOR dejó para probar con ellas a Israel. Es decir, a los que no habían experimentado ninguna de las guerras de Canaán, esto fue sólo para que las generaciones de los hijos de Israel conocieran la guerra, aquellos que antes no la habían experimentado.

Dicho en otras palabras; Dios permitió que hubiera un remanente de aquellas naciones con las cuales habían batallado juntamente con Josué, (aprendieron a batallar y a ser diestros en la batalla); pero la generación que vino después de ellos, desconocían las estrategias de guerra y la única forma en que se podrían forjar como guerreros, era poniéndolos a batallar. Después de las grandes victorias del tiempo de Josué vino un tiempo de mucha tranquilidad. Estaban cosechando la paz por la que sus ancestros habían luchado por mucho tiempo. Pero entonces Dios les habla para decirles que les había "reservado" algunas naciones para que ellos ahora, conocieran lo que es la guerra.

Esto significa que existen batallas que Dios las ha dejado para que las conozcas y que en medio de la batalla, aprendas a experimentarlas y que luches por ganarlas, porque al final ese es el objetivo, ganarlas. Por esa razón se necesita aprender, para que en el futuro se obtengan el beneficio de aquellas batallas, y saber salir adelante.

Ahora bien, las batallas se han venido incrementando porque es el tiempo final y necesitas completar tu proceso de llegar a ser uno con el Padre, con el propósito que cuando sea el tiempo de las Bodas del Cordero, hayas terminado tu preparación.

Por eso no puedes ser pacífico en la guerra espiritual. Dios te ha llamado a ser guerrero valiente, que le creas y sepas que Él está contigo. Jueces 3:1-2 nos explica que aunque no queramos se van a dar guerras, (porque Dios quiere que experimentemos diferentes niveles de las mismas).

Dios quiere que te inicies en el conocimiento de como permanecer contra:

- las asechanzas del enemigo
- sus dardos
- sus saetas
- contra sus artimañas,

para que permanezcas con fe, perseverancia, aplicando los principios y así, poder salir adelante. Debes de creer, que Satanás no te puede detener de ese llamamiento supremo que Dios te ha hecho; para que cumplas con el destino y el propósito que Dios te ha trazado y así alcanzar la meta que tienes por delante, especialmente en este tiempo final que Cristo viene, y que quiere que todos estemos firmes y preparados para podernos encontrar con Él.

En la Biblia hay nueve clases de guerra, y todas se inician con un esquema diabólico. Hubo una generación que tuvo guerras y ésta fue la generación de Josué. Cuando éste se dispuso a conquistar la tierra de Canaán, (en obediencia al Señor) se encontró con que tenía que conquistar siete gigantes. Como guerrero aguerrido se enfrentó contra ellos, aunque hubo bajas, lastimaduras, pasaron hambre, pero salieron victoriosos. Pon atención a esto: *después de ellos, se levantó una generación que solo vino a disfrutar de los beneficios de la tierra abundante.* Una generación que ya no usó lanzas, flechas y escudos. Esa generación "*solo recogió*" lo que otros conquistaron en densas batallas.

En la vida cristiana ha habido hombres de fe, que batallaron de forma más aguerrida que nosotros. La Biblia habla de hombres que están en la galería de la fe del libro de los Hebreos, que algunos murieron como Abraham saludando las promesas dadas por Dios, ni siquiera las alcanzaron, sino que partieron de esta tierra, creyendo que las iban a alcanzar. Otros conquistaron reinos, otros cerraron bocas de leones, otros con espada, otros contra el fuego.

Hebreos 11:33-40 LBLA quienes por la fe conquistaron reinos, hicieron justicia, obtuvieron promesas, cerraron bocas de leones, apagaron la violencia del fuego, escaparon del filo de la espada; siendo débiles, fueron hechos fuertes, se hicieron poderosos en la guerra, pusieron en fuga a ejércitos extranjeros. Las mujeres recibieron a sus muertos mediante la resurrección; y otros fueron torturados, no aceptando su liberación, a fin de obtener una mejor resurrección. Otros experimentaron vituperios y azotes, y hasta cadenas y prisiones. Fueron apedreados, aserrados, tentados, muertos a espada; anduvieron de aquí para allá cubiertos con pieles de ovejas y de cabras; destituidos, afligidos, maltratados (de los cuales el mundo no era digno), errantes por desiertos y montañas, por cuevas y cavernas de la tierra. Y todos éstos, habiendo obtenido aprobación por su fe, no recibieron la promesa, porque Dios había provisto algo mejor para nosotros, a fin de que ellos no fueran hechos perfectos sin nosotros.

Y si a ellos le sumamos los ministros que nos engendraron en el ministerio apostólico. Apóstoles como el doctor Otoniel Ríos Paredes, como el Apóstol Sergio Enríquez que llevan muchos años enseñando el evangelio, ganando batallas y nosotros estamos recogiendo los beneficios.

Tenemos buena Palabra, un lugar para congregarnos, vehículo para transportarnos. Hubo gente que caminó millas bajo la lluvia, bajo el sol porque no existían vehículos para transportarse, y los que habían solo ciertos privilegiados podían tenerlos, sin lugar a dudas nosotros estamos recogiendo el beneficio de lo que otros hermanos sembraron con lágrimas, con persecución. Bendecimos a esa gente pionera, pero esto no significa que no tengamos batallas más adelante.

Entonces el Señor nos dice: *"les voy a dejar algunas naciones, algunas oposiciones, para que aprendan hacer la guerra, porque hay generaciones que no saben pelear las batallas"* y también para que nos mantengamos con la fe, viendo que a los hombres que nos antecedieron, Dios no los abandonó sino que los apoyo y respaldó. Así que, como estuvo con ellos estará con nosotros, especialmente cuando nos consideramos que somos niños para hacer la guerra y que aún nos hace falta aprender.

Pero el tiempo que nos ha tocado vivir, es un tiempo donde hay un mayor movimiento de tinieblas y de iniquidad.

No dudes, Dios nos va a levantar como expertos en hacer la guerra para que nadie nos detenga y podamos ir al frente y alcanzar ese supremo llamamiento que Dios nos ha prometido.

Los que estamos experimentando guerras es porque nos tienen inscritos en la escuela de los guerreros de Dios.

La única manera para ser efectivos guerreros es que sepas que tienes un enemigo y que éste trabaja con esquemas y que por causa de los mismos Dios está dando una orden a cumplir. El Apóstol Pablo tenía mucha revelación de parte de Dios y en algún momento, basado en esa revelación es como llega y le habla a determinadas Iglesias, por ejemplo: a la Iglesia en Éfeso. Es entonces cuando los empieza a instruir en el ámbito espiritual como nunca antes lo había hecho; pero resulta muy interesante la forma como les habla porque llega el momento en el que les dice lo siguiente:

Efesios 6:11 LBLA *Revestíos con toda la armadura de Dios para que podáis estar firmes contra las insidias del diablo.*

Lo primero que señala en este versículo es que deben revestirse, o sea que sobre la ropa espiritual que ya tenían, debían ponerse la armadura de Dios. Los vestidos son unciones que Dios ha entregado para funciones específicas dentro del pueblo. Por ejemplo: los dones de los músicos, pueden alabar a Dios. Dentro de la congregación hay gente que tiene vestidura de salmista, gente que Dios la llamó para que le cantara; a otros los llamó para que tocaran un instrumento, entonces ellos tienen una función específica. Hay otros que Dios los usa con don de profecía, de milagros, hay maestros de la Palabra, sacerdotes. Tienen una unción por causa de ese don que Dios les ha regalado y esa es la vestidura.

Sobre esa vestidura que significa una función específica dentro del cuerpo de Cristo, hay que revestirse con la armadura de Dios.

Todos los que son parte del cuerpo de Cristo deberían hacerlo, sea cual sea la función que ejerzan, deben de ponerse la armadura de Dios. Con el propósito de estar firmes contra las *insidias* del diablo. Algunos llegan a creer que no necesitan la armadura de Dios y es porque no han comprendido que dentro de la tarea que están desarrollando en la tierra, una de ellas es precisamente descubrir los esquemas del diablo para que al momento de descubrirlos esos esquemas queden sin efecto alguno.

Dios desea que te revistas con su vestidura porque habrán batallas que solamente las podrás enfrentar si te revistes con su armadura. No hay un esquema contra la iglesia en general, los esquemas se dan de forma personal, y van a tener validez si los desconoces, porque de esa manera te van a poder atacar, pero deja de tener valor cuando lo descubres.

La palabra *INSIDIAS* en algunas versiones significa esquema. G3180 /μεθοδεία/ *methodeia* - de un

compuesto de G3326 y G3593 [Compare «método»];
viajar sobre, i.e. parodia (trucos): artimaña (de error), asechanza, esquemas.

Methodeia es una palabra clave con la profundidad increíble detrás de ello: Es compuesto de dos palabras griegas: *meta* y *hodos.*

1- *Meta,* el prefijo, es una preposición simple que quiere decir "con o en compañía de."
2- *Hodos,* es la raíz de la palabra "el camino."

La combinación de estas dos palabras significa: "con el conocimiento del camino."

De esta palabra es donde se consigue el término "*modus operandi*", es decir los métodos de operaciones de un criminal. Los detectives modelan y desarrollan un *MO* para poder sorprender al agravante en el acto mismo de sus fechorías, porque lo logran pronosticando lo que él hará después.

Modus operandi, que literalmente significa "modo de operar", es una expresión latina. En criminalística, se usa para referirse a cómo actuó el delincuente en una o diversas ocasiones, así como para establecer una pauta de comportamiento en diversos delitos de la misma persona.

> **/*Methodeia*/ es el plan donde se persigue el rastro de una persona.**

Por implicación significa: Conociendo por donde vas (camino, vía).

Otra palabra sinónima a un *ESQUEMA* es: #1476 /***hedraios***/ significa que se sienta y espera pacientemente para que su víctima venga por el camino que él provee.

En hebreo esta palabra se dice emboscada #H0693 /*arab.*/

Donde aparece en: *Deuteronomio 19:11; Josué 8:4; Jueces 9:32, 1 Samuel 22:8, 10 - Job 38:40 - Proverbios 7:12 - Oseas 7:6 y Miqueas 7:2*

Otras palabras del griego y sus definiciones te muestran la complejidad de un esquema de las tinieblas, en las epístolas se menciona cinco palabras que forman el proceso de instalar una emboscada.

Un número de palabras griegas y sus definiciones también mostrarán la complejidad del esquema y como la emboscada es instalada. Una es la palabra /**apate**/ - la secuencia del engaño; otra es /***dolos***/

- el cebo de la trampa; la siguiente es */plane/* - la atracción en la guarida; también es */pagis/* - la mecánica entera del esquema, y la ultima es */enedra/* - la paciencia de la espera de la víctima.

Palabras relacionadas son:

1- ***apate*** #539 (Falsedad, engaño)
2- ***dolos*** #1388 (el cebo o carnada para la trampa)
3- ***plane*** #4105 y 4106 (para seducir)
4- ***pagis*** #3803 (la trampa o lazo)
5- ***enedra*** #1749 y 1747 (está al acecho)

Por ejemplo: Las definiciones de cada una de las cinco palabras te permiten expresar la secuencia del proceso (Paráfrasis personal).

1- ***Apate*** - la secuencia del engaño.
2- ***dolos*** #1388 - el cebo de la trampa.
3- ***plane*** #4105 y 41066- la atracción a la guarida.
4- ***Pagis*** #3803 - la mecánica entera del esquema.
5- ***enedra*** #1749 y 1747 - la paciencia que espera por la víctima.

- ***Methodeia*** muestra la reunión de información y de la proyección para hacer caer en la trampa a la víctima.

- ***Arab*** , muestra la rapidez con la que se logra hacer *CAER* a la víctima en la trampa.

El trabajo de cada cristianos es descubrir el esquema que el diablo ha trazado sobre cada vida en forma personal y evitar que se funcione sobre ella.
Es una tarea individual que cada uno debe descubrir, detectarlo, revestirse de la armadura de Dios para estar firmes en el momento de la batalla.

PROTOTIPO DE UN ESQUEMA

El enemigo necesita dos realidades humanas para hacer un esquema en contra de cualquier vida, ya que se es portadora de ellas, el diablo las utiliza como materia prima. Con la intención de afectar cada vida y detener el progreso.

Ezequiel 21:21 [RV1960] *Porque el rey de Babilonia se ha detenido en una encrucijada, al principio de los dos caminos, para usar de adivinación; ha sacudido las saetas, consultó a sus ídolos, miró el hígado.*

El rey de Babilonia que es tipo y figura de Satanás, se pone en la encrucijada de dos caminos y sabe que para destruir la vida de un hijo de Dios, tiene que examinar los dos caminos o las dos realidades que tiene al frente, en determinada persona. Mas como el enemigo no lo sabe todo, entonces empieza a utilizar la adivinación para sacar información de la vida.

FUENTES DE INFORMACIÓN DE UN ESQUEMA:

1- ADIVINACIÓN
2- SAETAS SACUDIDAS
3- IDOLOS DE CONSULTA
4- INTERPRETACION DEL HIGADO

ADIVINACIÓN

¿Cómo utiliza la adivinación contra una vida? Levanta gente con espíritu de pitonisa, utiliza un demonio, un espíritu del reino de las tinieblas, una potestad, para que investigue y así obtener información de la persona a la que le está levantando el esquema. La serpiente pitón es figura de un demonio que descubre información de una persona y llega a saber tanto de esta persona, y esto lo vemos en el libro de los Hechos.

Hechos 16:16-17 LBLA *Y sucedió que mientras íbamos al lugar de oración, nos salió al encuentro una muchacha esclava que tenía espíritu de adivina-*

ción, la cual daba grandes ganancias a sus amos, adivinando. Esta, siguiendo a Pablo y a nosotros, gritaba diciendo: Estos hombres son siervos de Dios Altísimo, quienes os proclaman el camino de salvación.

La mujer con el espíritu de pitón estaba diciendo la verdad, pero Pablo la reprendió y echo fuera al demonio, porque se dio cuenta que era un demonio que había investigado quien era él y quería con engaño, diciendo una verdad lograr confundirlo, el Espíritu de discernimiento que tenía Pablo la descubrió. Satanás tiene adivinos, potestades de adivinación colocados sobre los cuatro extremos de la tierra tratando de investigar todo acerca de cada hombre y mujer.

SAETAS SACUDIDAS

Cuando el rey de Babilonia se paraba en la encrucijada del camino y sacudía las saetas, este acto tenía un significado, el hecho de sacudirlas en la doctrina de los babilonios representaba el envío de palabras de maldición contra la víctima. Cuando un rey tomaba las saetas y las sacudía pronunciaba el nombre de una persona en particular. Espiritualmente significaba que estaba enviando demonios que iban a ir para hablarle una palabra negativa a la persona designada. El brujo toma la palabra de maldición y acciona con la mano profetizando diabólicamente y la envía directamente a la persona.

Se debe de reconocer que el problema es que no todos ejercen el discernimiento apropiado del Espíritu de Dios. Los creyentes están sujetos a poder detectar lo que viene de parte de Dios y lo que no viene de Dios y así discernir que voz es la que está hablando.

Hay personas que escuchan voces que les dicen que deben de matar y como no disciernen con el espíritu proceden a hacer locuras, que cuando se dan cuenta de la realidad, no se explican como lo hicieron. Lo que sucedió entonces es que el espíritu sólo escuchó y lo pasó a la mente (que es el alma) y el cuerpo lo ejecutó, por eso el Señor en su palabra dice: "*... que el espíritu oiga lo que el Señor le dice a su iglesia.*" *Apocalipsis 9:29*

Dios por su Espíritu nos habla a nuestro espíritu y por el discernimiento que tenemos nos damos cuenta que voz es la que nos está hablando. Entonces cada saeta que el enemigo manda a la gente, es para hablarle al oído espiritual y decirle lo que quiere que haga, si no tiene discernimiento al escuchar la voz del enemigo, va a seguir sus instrucciones, sin embargo si tiene discernimiento, va a conocer el "esquema", se va revestir de la armadura y lo va a reprender batallando.

Por eso dice el apóstol Pablo que utilicemos el escudo de la fe para apagar los dardos encendidos del maligno y las saetas que vuelan de día.

CONSULTA AL HÍGADO

¿Qué era para los babilonios el hígado? Era una fuente de información. Todos los seres humanos que salimos del vientre de una mujer, producto de haber sido engendrados por la semilla de un hombre tenemos dos caminos o realidades: La Naturaleza y la Nutrición y esto es lo que busca Satanás para levantarnos un "esquema", está tratando de descubrir los proyectos designados para nosotros, y de oír lo que vamos hacer. El enemigo trató de inquirir en Jesús también esas dos realidades, veamos el verso de Juan.

Juan 14:30 [LBLA] *No hablaré mucho más con vosotros, porque viene el príncipe de este mundo, y él no tiene nada en mí.*

Jesús entró a este mundo a través del vientre de una mujer, pero no fue engendrado por varón sino que, fue engendrado por la semilla divina de Dios, y la mujer que prestó su vientre se convirtió como una incubadora nada más, (María no puso nada de su genética).

Jesús sabía que Satanás llegaría en cualquier momento a buscar algo en Él, su naturaleza y nutrición, de tal manera que si Satanás encontraba en Jesús algo que le pudiera servir para plantear un esquema, lo utilizaría para proyectarse en su humanidad.

NATURALEZA

Nos podemos dar cuenta entonces que la naturaleza habla de la esencia de la que fuimos nosotros concebidos. ¿Sabemos nosotros en qué circunstancias fuimos engendrados? ¿Venimos por una planificación ó fuimos producto de una aventura?

Todos venimos de una naturaleza adámica porque Adán pecó y trasladó todo el pecado a la humanidad, y si a ésto le sumamos el pecado de nuestros padres, y la iniquidad personal, nos damos cuenta que tenemos la naturaleza contaminada.

A todo ésto el enemigo está buscando la iniquidad heredada de nuestros padres y de la iniquidad toma (como materia prima) para levantar un esquema. Puede ser que por falta de conocimiento, hemos considerado inofensivo el hecho de seguir viviendo bajo la influencia de nuestros padres, de la cual desconocemos hasta dónde puede ser producto una iniquidad. Veamos lo que dice David en el siguiente salmo:

Salmos 51:5 LBLA He aquí, yo nací en iniquidad, y en pecado me concibió mi madre.

Si vamos a la historia vemos que David traía como herencia, la iniquidad de sus padres, lo cual cuando analizamos los puntos que la Biblia habla podemos ver que David provino de una relación pecaminosa. ¿Quién era la mamá de David? y ¿Quién era el papá de David? En *Isaías 11* se habla del padre de David, pero la madre fue esposa de Saúl, o sea que fue un pecado de la mamá con un pecado de Isaí, porque él tenía su propia esposa con la que tenía según algunas versiones seis o siete hijos. Entonces vemos que Isaí tenía ya sus hijos con su esposa pero pecó con la esposa de Saúl, por eso Saúl le decía a su hijo Jonatán hijo de la perversa.

1 Samuel 20:30 LBLA Se encendió la ira de Saúl contra Jonatán, y le dijo: ¡Hijo de perversa y rebelde! ¿Acaso no sé yo que prefieres al hijo de Isaí, para tu propia vergüenza y para vergüenza de la desnudez de tu madre?

La forma en la que se responde ante la provocación, es genético y puede ser iniquidad hereditaria de los padres, por ejemplo: el carácter que heredamos de nuestros padres, la ira, el enojo, la violencia o la pasividad. El problema es que Satanás no desaprovecha todo lo que pueda encontrar en la hoja de vida de nuestra alma y la aplica en el momento que nosotros menos nos imaginamos, para que estemos atados a los recuerdos del pasado.

El enemigo utiliza lo que nuestros ancestros hicieron para levantar "esquemas" en contra nuestra. Nuestros tatarabuelos, bisabuelos, abuelos y nuestros padres fueron víctimas de los "esquemas" diabólicos y nosotros podemos llegar a ser víctimas, como lo pueden ser nuestros hijos de ese "esquema" si no lo descubrimos a tiempo.

Entonces vemos que Satanás llega, ensañandose con una generación y con otra, por eso es que a las personas no se les cambia la vida.

Podemos preguntarnos entonces: ¿Por qué no se levanta ese cristiano, y sigue en lo mismo? Y es porque no sabe que Satanás levantó una esquema en su contra y lo está atacando con fuerza. El problema es que no sabe cómo defenderse, por eso está desfallecido.

NUTRICIÓN

Ahora veamos ¿que es la nutrición? *Son patrones que vienen de nuestro pasado creados por el ambiente que nos rodeó.*

Se enlaza en dos cosas:

1- Busca la motivación que hubo en nuestros padres al momento de engendrarnos, la energía que los llevó a que se diera el engendramiento, él quiere ver si fue en pecado que nos concibieron, si nacimos en iniquidad para utilizar esa iniquidad para levantar un esquema
2- Quiere ver cómo nos criaron, como formaron nuestra alma, de allí aprende porque una persona es tímida, acomplejada, temerosa, quiere saber que le dieron de comer al alma, porque hay personas que les da temor a todo, hay personas que no permanecen en los retos y se dan por vencidos de la noche a la mañana. Saber por qué hay personas que ni bien ha empezado la batalla ya aceptaron la derrota.

¿Quiere conocer porque hay personas tan débiles? Por ejemplo hay hombres que lloran por todo, entonces el enemigo investiga el porqué llora tanto y lo indaga desde su niñez. Descubre que no llora por la presencia de Dios, sino porque lo criaron así con:

- Temor
- Desconfianza
- Ministraciones de víctima
- no le forjaron una imagen varonil al niño
- Valor
- Fe
- Confianza
- Seguridad en Cristo

Vemos que la realidad de la "nutrición" la ocupa también para levantar un "esquema". Cuando el enemigo descubre la debilidad dentro de la naturaleza y ve la forma de nuestra nutrición, lo que hace es enviarnos provocaciones, porque ya sabe cómo vamos a responder, *porque sabe que en la genética está el carácter.* ¿Cómo respondemos cuando llegan a decirnos que están hablando mal de nosotros? Esa es una provocación.

¿CÓMO PROCESAR EL DOLOR?

Otra cosa que debemos de saber es como procesar el dolor, ¿qué tanto nos duele que nos hagan algo? ¿Cómo respondemos ante el dolor?

Imaginemos que a una persona lo rechazaron cuando estaba en el vientre de su madre. La criatura recibe el impacto del rechazo, nace y crece de esa forma, en la escuela nadie quiere jugar con él, todo ese rechazo se va acumulando, entonces: ¿Cómo se va a manifestar ese dolor cuando crece y es rechazado de nuevo? Está en la iglesia y no le dan un privilegio que quería, siente rechazo y empieza a batallar con la soledad, el dolor, la ira, el enojo y la cólera, su alma fue nutrida en esta condición desde su infancia; entonces el enemigo le manda provocaciones por causa del carácter y le pone situaciones de dolor, porque no puede procesarlo y de allí levanta un esquema para atacarlo y si el cristiano no lo descubre, le estorba el desarrollo y lo vence, una y otra vez.

A la mayoría de los humanos los castigaban por la mala conducta que tenían, pero nunca los premiaron por las cosas buenas que hicieron y eso les lastimó el alma. Es muy raro que en la vida de una persona se le gratifique por las cosas buenas que hace, pero por la naturaleza del hombre siempre esperamos el castigo y los juicios por las cosas que hacemos, pero Dios que es nuestro Padre, nos gratifica por las cosas buenas que hagamos.

No esperemos que el diablo descubra nuestra naturaleza y nuestra nutrición con la cual fuimos desarrollados, mejor cambiemos y entreguémosle al Señor nuestra vida pasada, para que cuando llegue a la bifurcación de los caminos de "naturaleza" y "nutrición", no encuentre nada y no pueda levantar ningún esquema para derrotarnos.

Tenemos que trabajar fuertemente para reducir o quitar la iniquidad que heredamos de nuestros antepasados.

El Señor en su Palabra dice que Él castigará la iniquidad sobre la tercera y hasta la cuarta generación.

Éxodo 20:5 LBLA Porque yo, el SEÑOR tu Dios, soy Dios celoso, que castigo la iniquidad de los padres sobre los hijos hasta la tercera y cuarta generación de los que me aborrecen.

Antes de que Satanás venga a hacer adivinación, mejor que venga Dios y nos supervise.

Nuestros padres también fueron víctimas, pero nosotros debemos de terminar con la influencia de la iniquidad. No permitas que el enemigo use esos dos caminos que están en ti, él se detiene en la encrucijada para hacer adivinación en tu contra, indaga e investiga para levantarte el "esquema" con la información que sus subordinados (los demonios) obtuvieron valiéndose de la *naturaleza* y *la nutrición* que se forjó en ti.

CAPÍTULO 2

LOS ESQUEMAS DIABÓLICOS

Continuando con lo que empezamos a ver en el capítulo anterior; debes saber que si Dios permite que estés en constantes guerras, es porque Él desea que aprendas a cómo hacer guerra, por cuanto eres hijo del Padre, con carácter de guerrero, Dios es varón de guerra, Él nunca ha perdido una sola batalla y quiere que seas como Él. El problema que hoy vive el pueblo de Dios es que pierde batallas, sencillamente porque no han considerado que toda guerra debe llevarse a la práctica, que viene como consecuencia de un aprendizaje, que por su propio Espíritu te lleva para que aprendas cierta estrategias, y es entonces cuando Dios utiliza incluso, las batallas que Satanás envía en tu contra, para que puedas ejercitarte en la batalla. Nota la importancia de como es que Dios despierta al pueblo de Israel, para que tengan una especie de entrenamiento para que llegaran a ser diestros para la batalla, expertos en planificar ataques en contra de las tinieblas:

Él quiere que seas suspicaz ante las cosas del diablo para poderte anticipar a sus planes, porque lo que el diablo utiliza son dos puntos estratégicos para atacarte, una es tu propia naturaleza y qué clase de nutrición tiene tu alma.

Cinco puntos importantes que el enemigo observa en tu vida:

1- La Genealogía: él usa la genética para modelar la clase de debilidad que una persona tendrá.
2- La concepción: para aprovechar la motivación detrás del engendramiento
3- También observa el nacimiento: para saber las necesidades no suplidas y los vacíos de su alma
4- La crianza.
5- El comportamiento de la persona: para hábilmente manipular al individuo en una situación donde la trampa fácilmente puede ser saltada.

Necesariamente tienes que saber que Babilonia siendo figura de Satanás, representa un sistema en contra de las verdades de Dios, Babilonia estaba en contra de los libros que Dios había dejado con instrucciones para su pueblo. Lo interesante es que llegó el momento en el que Babilonia se levanta para atacar a Israel y destruirlos, robarles su patrimonio, sus valores, trastocar su cultura. Entonces puedes leer y ver la estrategia que utiliza el enemigo, se ubica al principio de dos caminos, lo cual representa lo que Satanás quiere descubrir para utilizarlas como materia prima para destrucción o utilizarlo como un esquema que él desea hacer y atacar en forma directa y particular a cada persona, ¿cómo lo hace?, partiendo que naces con dos caminos o realidades de tu humanidad. Satanás empieza a utilizar la adivinación para tomar información que necesita de tu vida porque él no es omnisciente, entonces necesita investigar meticulosamente lo que cada una de las personas tiene en sus vidas.

Esta operación la utiliza, básicamente, a través de un demonio para obtener la información que necesita y revelar lo que cada uno ha hecho o hará; a través de la adivinación es como descubre información muy personal. Por eso es que, para poder formar sus esquemas, constantemente te está observando, como parte de su estrategia de ataque a futuro, además de lo que logra averiguar por medio de la adivinación.

Es lo mismo que sucede en la vida de las personas, son víctimas fáciles cuando Satanás lanza un ataque y se desconoce el esquema que él está utilizando para atacar una determinada persona. Sin embargo, por más conocedor de misterios que sea Satanás, no tiene cien por ciento el poder para destruir, especialmente porque Dios ha dicho en su propia Palabra que Él está con todos aquellos que confían plenamente en Él; entonces ¿cómo es que Satanás lanza sus ataques y muchas veces ha estado al punto de destruir por completo? Se puede simplificar diciendo que es por las dos realidades humanas en las que debes trabajar para que no siga siendo la materia prima que esté utilizando el diablo para levantar un esquema.

¿QUÉ ES LA REALIDAD DE TU NUTRICIÓN?

La Biblia declara que *puedes atarte con los dichos de tu boca* porque en el momento en que alguien pronuncia que esta acostumbrado a sufrir, el diablo lo escucha y envía sufrimiento para que permanezca en esos círculos viciosos que lo destruyen paulatinamente, obviamente, son lazos que aun lo pueden mantener atado al mundo. Satanás sabe que existe una realidad en tu humanidad la cual es, que el alma fue alimentada con mucho dolor y sufrimiento de manera que está lanzando constantemente dolor y sufrimiento hasta destruir a la persona por completo lo cual viene a conformar la base de los esquemas diabólicos. Por eso David, el que fue llamado el dulce cantor de Israel dijo:

Salmos 51:5 [LBLA] *He aquí, yo nací en iniquidad, en pecado me concibió mi madre.*

Cuando Satanás encuentra esa debilidad en su vida, es entonces cuando ataca su alma de una forma en la que él está atado, incluso al pasado de sus padres. Por eso, necesitas romper con todo yugo de iniquidad que pueda pesar sobre tu vida porque con eso el diablo pretenderá tenerte sojuzgado por cuanto desconoces la forma en la que fuiste concebido, quizás en medio de un ambiente lleno de amor o de lujuria, concupiscencia y otras diferentes condiciones, en todo existe un grado de herencia con iniquidad que el enemigo buscará para que le sirva de materia prima y es el esquema que utilizará contra cualquier persona.

DESCUBRIENDO LOS ESQUEMAS

Ahora bien, dejarás de ser víctima de los esquemas diabólicos hasta que descubras el esquema que tiene en contra tuya. Cuando David descubre el esquema de Satanás en su contra, dice:

Salmo 119:133 NVP Ordena mis pasos con tu palabra, y ninguna iniquidad se enseñoree de mí.

Todos los demonios trabajan con sus esquemas, estableciendo como base la iniquidad que es: La naturaleza y el ambiente o sea la nutrición que ha tenido el alma.

¿CÓMO COMIENZA UN ESQUEMA?

Desde el momento de la concepción, en el primer momento de la existencia de una criatura cuando se da a conocer a través de voces, desde el primer instante en que el reino de las tinieblas sabe que habrá una criatura que nacerá dentro de una familia, incluso está al pendiente de ver cuál es la reacción que la familia tiene cuando sabe que un pequeño ser está por llegar. Porque cuando se dice que una mujer será prontamente madre, automáticamente las tinieblas le asignan una potestad para que estudie las posibles influencias genéticas que tendrá ese nuevo ser y que le sirvan al rey de Babilonia como una base de un esquema que quiere crear en contra del recién engendrado, a manera de dañar el propósito por el cual viene a la vida o la predestinación que trae; por eso es importante presentar a los hijos delante de Dios, para poder destruir todo esquema que viene como resultado de un examen que hacen las influencias de las tinieblas.

En la religión oficial del mundo, cuando nace un niño, los bautizan y les asignan lo que es conocido como ángel de la guarda, que es un espíritu el cual tiene influencia sobre la vida desde pequeño hasta el momento en que llega a Cristo y se empiezan a romper todas las influencias de las tinieblas que le fueron asignadas, porque el propósito de esas potestades es que no se cumpla en determinada persona el propósito por el cual llega a la tierra, por eso es que a veces has oído que algunos niños tuvieron problemas desde el momento en que debían nacer, porque las influencias de las tinieblas están bloqueando toda posibilidad que llegue alguien que es enviado de parte de Dios, para estropear su estrategia de destrucción.

Levítico 21:16-20 LBLA Entonces habló el SEÑOR a Moisés, diciendo: Habla a Aarón y dile: "Ningún hombre de tu descendencia, por todas sus generaciones, que tenga algún defecto se acercará para ofrecer el alimento de su Dios. "Porque ninguno que tenga defecto se acercará: ni ciego, ni cojo, ni uno que tenga el rostro desfigurado, o extremidad deformada, ni hombre que tenga pie quebrado o mano quebrada, ni jorobado, ni enano, ni uno que tenga defecto en un ojo, o sarna, o postillas, ni castrado.

En aquel entonces nacían hijos para ser sacerdotes,

venían de la línea sacerdotal, de la tribu de Leví, pero cuando Satanás los trastocaba para que no pudieran desempeñar su trabajo; eso significaba que pone entidades que estudien las posibles influencias genéticas de los hijos, con el propósito que cuando llegue el momento, quizá la influencia por herencia de alcoholismo, sea manifestada y eso estorbe su desarrollo en lo que pueda ser el llamamiento en la obra de Dios.

El enemigo vio la posible influencia genética que traía y lo que hizo fue preparar el escenario para activar en el niño ese tipo de cosas.

¿QUIÉNES SON ESAS POTESTADES DE LAS TINIEBLAS?

En las tinieblas existen varias jerarquías que definen las funciones que cada uno tienen, por ejemplo:

Efesios 6:12 LBLA Porque nuestra lucha no es contra sangre y carne, sino contra principados, contra potestades, contra los poderes de este mundo de tinieblas, contra las huestes espirituales de maldad en las regiones celestiales.

El Apóstol Pablo habla de una jerarquía con cuatro

entidades y cada una de ellas tiene funciones militares; sin embargo, en el libro del Profeta Daniel, también se puede ver que Dios tiene jerarquías de potestades que observan a los hombres, por ejemplo:

Daniel 4:13 [RVA] *Estando en mi cama miraba las visiones de mi cabeza, y he aquí que un vigilante, uno santo, descendía del cielo.*

Aquí se puede leer en el contexto de este versículo, que está hablando del rey de Babilonia, que lo vigilaba una potestad de parte de Dios, viendo las obras de maldad que hacía para que entonces Dios ejecutara un juicio sobre él. De la misma forma actúa el diablo, él tiene vigilantes que operan vigilando los movimientos para llevar un informe a Satanás y que él pueda alimentar su esquema con todo lo que los seres humanos hacen a diario; debes recordar que el diablo imita todo lo que Dios hace; de tal manera que así como un día los vigilantes de Dios iban de regreso hacia Él con su informe después de haber rodeado la tierra y observado a los hombres, igualmente lo hacen las potestades de las tinieblas, para que entonces sus ataques sean eficientes, porque debes recordar que el diablo no está practicando o jugando a las guerras con tu vida; lo que el diablo intenta hacer en cada ataque es lanzar esquemas de destrucción como lo quiso hacer con Job.

VIGILANTES DEL REINO DE LAS TINIEBLAS

Job 1:8-10 [BJ3] *Yahvé replicó al Satán: "¿Te has fijado en mi siervo Job? No hay nadie como él en la tierra: es un hombre íntegro y recto, temeroso de Dios y apartado del mal". Respondió el Satán a Yahvé: "¿Te crees que Job teme a Dios por nada? ¿No ves que lo has rodeado de protección, a él, a su casa y a todas sus posesiones? Has bendecido sus actividades y sus rebaños se extienden por el país.*

Permítanme explicarles cómo es que trabajan los vigilantes para poder dañar la vida de una persona: lo analizan a tal grado que tienen los argumentos necesarios para hacerlo, tienen toda la información necesaria y aunque la persona haya olvidado muchas cosas del pasado, Satanás lo tiene anotado en su esquema para poder orquestar adecuadamente sus ataques; es entonces cuando alguien puede estar padeciendo alguna enfermedad durante muchos años y cuando finalmente se logra sanar, su economía ha sido dañada, consecuencia de los gastos que le provocaron su enfermedad y cae entonces en esa rutina para que, al lograr enderezar su economía, haya otra situación difícil que lo atrape, hasta que nuevamente vuelven a enfermarse para que este en ese circulo vicioso de destrucción.

Con todo esto lo que debes aprender es cómo mantener alejados a los demonios, quizá si alguien está siendo estorbado por uno de ellos, puede reprender y ser liberado, pero más que eso lo que necesita conocer es mantenerlos alejados de su vida, ¿cómo logras mantener alejados a los demonios?, destruyendo los esquemas; todo aquello que existen en tu naturaleza y nutrición de tu alma, sea desarraigado por completo de ti para que ningún "vigilante de las tinieblas" logre recopilar la información que necesita y no pueda trasladarla a otra potestad llamada "obrero de iniquidad" la cual es la encargada de lanzar el ataque.

¿POR QUÉ ES UN OBRERO DE INIQUIDAD?

Porque con toda la información que recibió y que sabe que por herencia de iniquidad los humanos puedan tener, esa iniquidad sea alimentada para que haya una información completa de iniquidad para que cuando comiencen a venir los hijos, igualmente se las hereden con lo que su padres han recibido, más lo que el obrero de iniquidad trabajó en ellos, con el propósito que toda la línea genealógica esté dañada y que no haya la más mínima oportunidad de salir de aquél círculo de iniquidad.

Es importante recordar que en el capitulo anterior de este libro; describí claramente que Dios visita la iniquidad de los padres; la mayoría de versiones de la Biblia dicen que Dios castigará, es de notar que la palabra hebrea de donde se origina esta palabra, es identificada en el diccionario Strong bajo el número H6485 y significa: VISITAR, eso significa que Dios visita la iniquidad de los padres sobre los hijos para saber si han logrado procesar la liberación de aquella herencia con maldición y si continúan con ese trabajo para que la descendencia reciba una herencia con bendición.

H6485 /פָּקַד/ ***pacád*** - raíz primaria; visitar (con intención amistosa u hostil); por anal. supervisar, reunir, acusar, cuidar de, extrañar, depositar, activar, arreglo, buscar, cargo, castigar, castigo, censo, consignar, constituir, contar, cuenta, cuidar, custodiar, dañar, depositar, destruir, echar, empadronar, encargado, encargar, encargo, encomendar, entregar, enviar, faltar, gobernador, gobernar, guardar, huir, inspeccionar, ir, juzgar, lista, mayordomo, memoria, mención, menoscabar, mirar, número, pasar lista, poner, preguntar, prescribir, privar, revista, señalar, traer, vacío, visitar.

Todos tienen que procesar ese cambio por cuanto todos vienen de la descendencia de Adán, alcanzando la herencia pecaminosa y ahora se tiene que batallar en contra de aquella iniquidad que de alguna manera se ha heredado para que los hijos sean libres y tengan una mejor oportunidad que la que han heredado sus primogenitores, ya que el diseño original de la vida fue trastocado. Lo interesante con esto es que según los científicos, al descubrir toda la cadena de genes, vieron que algunos se encuentran alterados, pero además de eso, encontraron un gen que originalmente no estaba en el ser humano, ese gen es el gen de muerte el cual entró en Adán a partir de su desobediencia a Dios al comer del fruto del conocimiento del bien y del mal. A partir de ese momento Dios lo expulsa del Edén para que no comiera del árbol de la vida porque si comía de ese árbol entonces se hubiera convertido en un pecador inmortal; pero como no fue así, entonces Adán empezó a involucionar, envejeció hasta que llegó a morir a consecuencia del pecado, pero eso no estaba como un gen original.

Es importante que trabajes en la reducción o eliminación de la herencia de iniquidad que llevas porque con eso que puedes estar cargando información para las tinieblas, es como si el diablo tuviera un GPS de tu vida y supiera para dónde te vas a dirigir en cada situación que vivas, ya que en su esquema tiene direccionado cuál será la reacción en cada situación que vivas. Cuando Satanás descubre que no has logrado reducir la iniquidad en tu vida él trabaja en una senda por la cual él quiere que tu puedas transitar.

Salmos 17:4 [VNM] En cuanto a las actividades de los hombres, por la palabra de tus labios yo mismo he estado alerta contra las sendas del salteador.

Salmos 17:4 [SRV] Para las obras humanas, por la palabra de tus labios Yo me he guardado de las vías del destructor.

Es importante entender como puede afectar la herencia de iniquidad de los padres hacia los hijos:

1- La iniquidad de los padres siempre afectara el presente de un hijo con ataduras devastadoras.
    - El pecado presente siempre te conecta al pecado de uno o ambos padres.
    - Incluso puede haber patrones exactos de problemas por el pecado (Ejemplo: Abraham e Isaac).
2- La iniquidad de los padres siempre atraerán a los hijos al pasado.
    - El pecado de los hijos nunca es solo sino

que siempre está conectado con el pasado de los ancestros.

- Va como en retroceso buscando en el pasado de los ancestros.
- A ningún padre le conviene estar sin romper la iniquidad de sus progenitores para que no la hereden sus propios hijos.

3- La iniquidad de los padres siempre avanzará hacia adelante; al futuro de una persona sino se rompe pronto.
   - Busca tocar el futuro y la prosperidad de las generaciones siguientes.
   - Nunca parará en una específica generación sino se rompe a tiempo al contrario avanzará hasta donde se le permita.

4- La iniquidad de los padres permanecerá sino se rompe desde el pasado, al presente y hasta el futuro generacional.
   - La liberación de la iniquidad de los padres interrumpe que continué ese ciclo de transferencia.
   - Se debe romper el cordón umbilical que alimenta la iniquidad.

5- La iniquidad de los padres representa un eslabón de los estragos familiares o estragos personales.
   - La iniquidad de los padres no solamente hace que los hijos sean portadores del *DOLOR* sino también del *PECADO*.

A veces cuando no has podido decirle *NO* a la tentación; es porque no has estado batallando; si en algún momento no logras ganar esa batalla es porque el diablo ha tenido todo el mapa de tu vida por donde estuvo trabajando para rodearte y que cayeras en pecado, si no era de una forma sería de otra, el mayor problema es que eso sucede porque estas bajo la influencia de la iniquidad, bajo la influencia sin ley y eso hace que menosprecies el favor de Dios sobre tu vida, por un minuto de placer, sea éste de tipo sexual o de cualquier otro tipo; si no logras valorar todas las bendiciones de Dios y deliberadamente te dejas llevar por la tentación, que es un ataque debidamente orquestado por las tinieblas, ya que cuando los esquemas fueron escritos, fue con el propósito de derrotarte sin importar lo que tuvieran que hacer los obreros de iniquidad.

Por eso es importante que te informes cómo alimentaron tu alma cuando eras un niño, para que puedas saber de qué tienes que ser liberado, tienes que saber lo que vieron tus ojos con lo cual tu alma se alimentó, conocer en que peligros arriesgados estuviste incluso a punto de perecer y que de alguna forma quedaste marcado, con el propósito que sepas qué es lo que debes atacar, para que los vigilantes de las tinieblas no trasladen la información a los obreros de iniquidad.

Salmos 59:2 TKIM-DE *Rescátame de los obreros de iniquidad, sálvame de los hombres sanguinarios.*

Como ya lo mencione; el principal trabajo de los obreros de iniquidad es aumentar la iniquidad.

Salmos 64:1-2 TKIM-DE *Para el director. Un Canto de alabanza de David. Oye mi voz, O Elohim, mientras suplico: libera mi alma del temor de los enemigos. Tú me has escondido de las intrigas secretas del perverso y de la multitud de los obreros de perversidad.*

Un obrero de iniquidad es aquel que está influenciando a una persona para que obre en contra de un niño a tal punto de abusarlo sexualmente y que entonces sea marcado en su temprana edad, para que cuando sea mayor, esa marca continúe el trabajo de iniquidad a través de los obreros de iniquidad, de generación a generación. Por eso es importante que se aprenda la forma en que se puede romper con todo eso. Un ejemplo práctico se puede apreciar en la vida de Abraham, para romper con esa iniquidad, tuvo que salir de Ur de los caldeos, salió de la casa de sus padres y después de haber sido un caldeo, llegó a ser amigo de Dios, el padre de la fe y el primer hebreo. No estoy diciendo que se debe deshonrar a los padres, lo que es necesario hacer es que estés dispuesto a salir de toda influencia dañina que ellos estén ejerciendo sobre tu vida y cuando hayas roto con esa influencia, entonces poderles hablar para que ellos también puedan ser libres.

Referencias: Obreros de iniquidad:

Job 31:3, 34:8, 34:22
Salmo 5:5, 6:8,
Proverbios 10:29, 21:15
Isaías 31:2, 32:6
Oseas 6:8
Miqueas 2:1

Al otro camino que también debes ponerle mucha atención es la nutrición de tu alma, lo cual involucra el ambiente que rodeó tu nacimiento y las cosas de las cuales se alimentó el alma.

Ezequiel 16:4 LBLA *'En cuanto a tu nacimiento, el día que naciste no fue cortado tu cordón umbilical, ni fuiste lavada con agua para limpiarte; no fuiste frotada con sal, ni envuelta en pañales.*

Esto era Jerusalén, figura de un niño que ya tiene identidad personal, vida independiente, pero con el cordón umbilical, esto significa que sigue comiendo del mismo sistema que lo hacia mientras estaba en el vientre de la madre; dicho en otras palabras, no tenía forma de escoger lo que quisiera comer, sencillamente se alimenta de lo que la madre le pueda proveer. El problema es que llegó el momento en el que nace y como no le cortaron el cordón umbilical, sigue en las mismas condiciones de nutrición, no puede pedir ningún gusto, sino que los padres deciden que es lo que mejor le pueden proveer; dicho en otras palabras: influencia de los padres.

Veamos cómo es el desarrollo nutritivo del alma:

- De 0 a 2 años el humano en su infancia desarrolla su confianza y/o desconfianza.
- De 2 a 4 años se desarrolla la autonomía y/o duda.
- De 4 a 6 años se desarrolla la iniciación propia y/o la culpabilidad, lo bueno y lo malo.
- De 6 a 12 años se desarrolla el carácter de seguridad y/o inseguridad.
- De 12 a 20 años se desarrolla la identidad y/o confusión.
- De 20 años en adelante responderá con timidez, solitario y/o dándose el valor adecuado.

Ahora veamos los 3 tiempos de nutrición más importantes en el ser humano:

- El Primero, es el momento de nutrición de una vida es la reacción de los padres al anuncio de la concepción.
- El segundo es el tiempo importante en la nutrición es el día del nacimiento, eso impacta el subconsciente y las emociones de la persona más que en otro momento de la vida.
- El Tercero es la forma en la que son criados es un elemento importante para el esquema diabólico.

Los vigilantes saben que dependiendo de la clase de relación que un hijo tiene con sus padres en la esfera física, así será en la esfera espiritual, es decir que eso determinará el tipo de relación que tendrá con Dios y eso lo aprovechan los obreros de iniquidad.

La persona por la clase de nutrición en la relación negativa que tuvo con sus padres tendrá problemas en sentir y aceptar el amor del Padre, por eso es que cada ser humano requiere del nutriente correcto, tanto en lo natural como en lo espiritual. Por eso es que, cuando el hombre y la mujer nacen de nuevo deben vivir consagrados y deben tener cuidado de cómo y de qué se alimenta su alma.

CONCEPTO VERDADERO DEL ALIMENTO DEL ALMA

1- El alimento del alma es todo aquello que interiormente te hace sentir bien o mal dependiendo de con qué alimentas el alma.
2- El alimento del alma es lo que te ayuda interiormente a disfrutar la vida o no.
3- El alimento del alma es lo que te da la medida y el peso para disfrutar o no las bendiciones que Dios te envía.
4- El alimento del alma es lo que te hace sentirte bien o mal con las cosas concernientes a tu vida.

Salmos 42:2 [LBLA] Mi alma tiene sed de Dios, del Dios viviente; ¿cuándo vendré y me presentaré delante de Dios?

Salmos 63:1 [LBLA] Salmo de David, cuando estaba en el desierto de Judá. Oh Dios, tú eres mi Dios; te buscaré con afán. Mi alma tiene sed de ti, mi carne te anhela cual tierra seca y árida donde no hay agua.

CAPÍTULO 3

LOS ESQUEMAS DE LOS ATAQUES SORPRESIVOS

En este capítulo entenderás el carácter de algunas personas que formaron parte de la historia Bíblica y que a la vez contribuyeron junto a otros grandes hombres de Dios, los cuales habían sido llamados para desarrollar los propósitos y misiones que Dios les había encomendado. Estos hombres dejaron el ejemplo para poder aplicarlo en los días actuales en forma espiritual y práctica, especialmente en la parte que a diario te toca vivir y que muchas veces no sabes cómo enfrentarlas en la vida. También recuperar el carácter que por alguna circunstancia has perdido cuando se está en la carrera de querer cumplir con el propósito de Dios.

Si hay algo que apasiona en la Biblia, es que Dios nunca esconde los momentos de dificultad que vivieron estos grandes hombres y mujeres, tales como sus fallas, errores y sus fracasos.

Dios en la Biblia ha dejado plasmadas las victorias pero también las derrotas y los momentos difíciles que sus hijos pasaron para que en este tiempo actual puedas aprender de esos ejemplos.

LOS HOMBRES GUERREROS DE GAD Y EL HOY QUE VIVES

Los hombres de la tribu de Gad eran fuertes, valientes, diestros. Sus rostros eran como de león; tenían un carácter de conquistadores. Habían sido entrenados para la guerra y sólo se mencionan dos armas de lo que componía su armadura, ellos eran diestros con el escudo y con la lanza. Eso te da una figura o ejemplo de las cosas que te acompañan en el entrenamiento que has recibido, especialmente una meta: "*no darte por vencido a pesar de las adversidades de la vida*". Las Escrituras dice que ellos tenían sus rostros como rostros de león. Eso habla del carácter, o sea tenían carácter de conquistadores. El escudo que llevaban era la fe que mantenían, (porque nadie va a la batalla si no se tiene fe que va a salir vencedor).

El soldado natural que forma parte del ejército de un país tiene seguridad en sí mismo (claro que no es una fe espiritual) pero su fe, es un tipo de apoyo basado en el entrenamiento que recibió. Le forjaron "una creencia" que puedes compararla a la fe que debes de desarrollar cuando eres "preparado" para salir vencedor en medio de las circunstancias.

Otra cosa que tenían los varones de la tribu de Gad eran espadas, que eran parte de la armadura de todo soldado en aquellos tiempos. La Biblia te enseña en *Efesios 6* que la espada es parte de la armadura del cristiano y es una espada de doble filo.

Una de las interpretaciones de esta espada es que un filo representa el logos y el otro representa el rhema, pero también representa que es un arma ofensiva y defensiva.

Un filo se puede interpretar como la parte ofensiva para atacar y el otro filo es para defenderte o sea la defensiva. Otros dicen que representa dos tipos de Palabra, un filo la bendición y el otro filo la maldición.

No se puede negar que la preparación es importante, sin embargo no tienes una cultura de preparación para las cosas que están por venir en la milicia, espiritualmente. La preparación es importante porque *"representa tener una correcta actitud de respuesta a todo tipo de circunstancia que vas a encarar en la vida."*

Todos quisieran tener únicamente circunstancias buenas, pero para esto no se requiere ningún tipo de preparación, porque eso hace que sólo te alegres de lo que has recibido.

Hay una actitud normal en todo ser humano cuando sólo esta dispuesto a recibir aquellas cosas que le agradan, como dar una sonrisa, estar alegre, dar gloria a Dios y, en algunos casos, tener hasta una actitud de altivez de decir: "todo esto es porque lo merezco y porque he trabajado fuerte."

Pero cuando vienen momentos difíciles en la vida, no todo el mundo está preparado para tener una buena actitud con una correcta respuesta, no sólo para encarar la situación sino saber que hacer, cómo permanecer y poder superarla por más negativa que parezca, hasta que haya pasado la tormenta o el momento difícil. Indiscutiblemente necesitas entrenamiento para poder resistir y ser vencedor.

La tarea de los ministerios primarios que el Señor ha constituido para edificar la iglesia, es dar el equipamiento, el entrenamiento y la formación en base a la Palabra de Dios. Ayudar a formar el carácter correcto que deben de alcanzar todos, para así saber responder en los momentos difíciles dentro de la batalla espiritual.

En este pasaje de las escrituras podrás leer la carta de presentación de la tribu de Gad.

1 Crónicas 12:8 [LBLA] *También de los de Gad se pasaron a David en la fortaleza en el desierto, hombres fuertes y valientes, entrenados para la guerra, diestros con el escudo y la lanza, cuyos rostros eran como rostros de leones, y eran tan ligeros como las gacelas sobre los montes.*

Aquí se está describiendo el carácter que tenían estos hombres que acompañaron a David en sus conquistas. Eran hombres de guerra con rostros como de leones. ¡Puedes pensar por un momento el poder tener una carta de presentación con estas características! Sin duda alguna te sentirías con el pecho hinchado, orgulloso de tal presentación.

Gad te habla de la necesidad que en la vida tiene todo verdadero creyente de ser entrenado para vencer, pero también de poder levantarse en los momentos mas difíciles, aun de aquellas circunstancias en que se ha podido sentir derrotado.

Un entrenamiento que no te prepara sólo para la victoria sino para que te mantengas siempre en el nivel máximo de tus victorias personales. Hay veces que debes de reconocer que por alguna razón, comienzas a menguar o debilitarte, es decir ir de más a menos por el recordar de eventos y circunstancias muy difíciles que te han sucedido en la vida. Quizás también, porque tuviste que atravesar una dificultad muy grande, a tal punto de poner tu vida en peligro. Son muchos los que han sufrido ataques espirituales por diversas razones.

El factor aquí, es tener un entrenamiento para levantarte y reconquistar el nivel de vencedor.

Porque una cosa es que seas vencedor contra el enemigo y el pecado, pero otra es que seas vencedor contra "ti mismo", contra tus propias fallas personales, contra tus propias debilidades humanas y es muy posible que allí es en donde se den las batallas más fuertes. Sin ignorar que una de ellas es tu propio razonamiento ya que posiblemente eres experto en atar y desatar, echar fuera demonios y liberar, pero cuando se trata de vencerte a ti mismo, es ahí donde decaes porque no estás debidamente entrenado para ello.

Mas cuando determinas y logras entrar en este "entrenamiento", se le hará más difícil al diablo engañarte o vencerte, porque el ser capacitado te hará fuerte para resistirle.

CONOCIENDO LOS DOS TIEMPOS EN LA TRIBU DE GAD

Ahora verás el otro lado de la gente de esta tribu, lo puedes leer en el Nuevo Testamento y se refiere al ejemplo del Gadareno. Este hombre es completamente diferente a lo que has visto hasta hora, (referente a los hombres de la tribu de Gad). Son dos facetas muy diferentes de esta tribu, por un lado los que traían la genética de guerreros como has podido notar de acuerdo a lo mencionado en las escrituras de *1 Crónicas 12:8*, donde se dan las características de los hombres de la tribu de Gad. Ahora estás viendo la otra faceta en el siguiente verso:

Lucas 8:26 [LBLA] *Navegaron hacia la tierra de los gadarenos que está al lado opuesto de Galilea.*

Los israelitas habían conquistado Canaán, pero a la tribu de Gad les correspondía ese territorio específico llamada "la región de gadara." La Palabra del Señor dice que cuando Jesús bajó a esa tierra le salió al encuentro un hombre de la ciudad poseído por demonios y que por mucho tiempo no se había puesto ropa alguna y no vivía en casa sino en los sepulcros. Era obvio que era un nativo de la tribu de los gadarenos. (*Lucas 8:27*)

¿Qué cristiano no conoce la historia cuando se habla del gadareno y lo asocia con un endemoniado? Sin embargo, un Gadareno normal, era una persona que pertenecía a la región y a la tribu de Gad, eso significa que genéticamente traía dentro de él un valiente guerrero, pero aquí lo vemos descrito en la Palabra de Dios como un hombre derrotado que se había dejado vencer, que se golpeaba con piedras, que gritaba en los sepulcros y que estaba atado. Es la parte opuesta de lo que es un verdadero guerrero valiente, de carácter aguerrido, con rostro como de león, como lo eran los de la tribu de Gad.

Génesis 49:19 LBLA A Gad salteadores lo asaltarán, mas él asaltará su retaguardia.

En el libro de Génesis puedes leer que ya le habían profetizado a los descendientes de la tribu de Gad, "*que salteadores lo asaltarán*", este pasaje estaba describiendo que por ser "un guerrero" iba a tener un ataque que lo iba a poner en la condición "de asalto" (como dice el libro de Lucas), pero Dios le estaba diciendo por medio de esa profecía que lo iba ayudar a salir de la condición de lo que se conocería "como el endemoniado Gadareno". En ese versículo puedes ver las dos facetas bien descritas: La tribu de los valientes y fuertes, y la tribu de los Gadarenos.

Es en la segunda faceta en la que tú y yo somos entrenados para levantarnos y vencer todo aquello que intenta limitarnos, derrotar y alcanzar victoria plena con todo aquello que tenga que ver con el propio razonamiento, porque ninguno va a conquistar en el nivel máximo de ser un "más que vencedor" si no aprende a vencerse a sí mismo primero.

Cuando detectes en tu vida que ya no estás ocupando el mismo lugar espiritual que tenías antes por causa de algún evento o prueba que pudo cambiar tu forma de actuar, es porque estás entrando en la segunda faceta. ¡Y eso es muy peligroso!

En el tema de los libros de las guerras de Satanás, se mencionan al menos catorce puntos que son los que el enemigo utiliza cuando a levantado "un esquema" de constante guerra en contra de cualquier vida. El primer punto es ***el debilitamiento***, es cuando la gente es atacada con un tipo de actividad para debilitarlo en la mente, en el alma o en sus convicciones de fundamento y doctrina. Es un debilitamiento que viene al espíritu del hombre, al alma y al cuerpo, que se llama */asdséneia/* que en griego es espíritu de debilidad.

Esta enfermedad es nombrada en la Biblia y frecuentemente ataca a las mujeres. La base Bíblica la encontramos en Lucas y es cuando se menciona a la mujer con flujo de sangre.

Lucas 13:11 [LBLA] *y había allí una mujer que durante dieciocho años había tenido una enfermedad causada por un espíritu; estaba encorvada, y de ninguna manera se podía enderezar.*

Ella era hija de Abraham y por dieciocho años un espíritu la tenía encorvada. Es una debilidad que no sólo afecta lo físico, sino el alma y el espíritu de la persona. Esta es la definición: G769 */asdséneia/* de G772; debilidad (de cuerpo o mente); por implicación enfermedad; moralmente fragilidad: débil, debilidad, enfermedad, enfermo.

OTRA FACETA DE LOS HIJOS DE GAD

1 Crónicas 12:14 [LBLA] *De los hijos de Gad, éstos fueron capitanes del ejército; el menor valía por cien y el mayor por mil.*

La Biblia dice que los hijos de Gad eran capitanes del ejército de David, es decir: "todos tenían rango." Interpretando el texto, puedes ver que el mejor vale menos porque representa *la falta de experiencia* o sea que es el nivel inferior. Si has estado en momentos de tu vida llevando un camino a la consagración, a la santidad, teniendo mejor vida espiritual, haciendo las cosas mejores para el Señor, se supone que la altura que estás dando en esos momentos se considera "mayor", y el mayor vale por mil.

Cada nivel que escalas en la vida espiritual te hace ser parte de mejores rangos y está plasmado en este verso de *Crónicas*, cuando dice que *el menor vale cien y el mayor mil,* porque el mayor representa la capacidad, la madurez y que el entrenamiento que has tenido,¡ ha sido el adecuado porque te lleva a alcanzar ese nivel y la habilidad que tienes para aplicarlo cuando está en peligro tu vida.

Este nivel mayor puede cambiar si no aprendes a responder a las circunstancias de la vida y por eso necesitas ser entrenado para saber responder correctamente.

Juan 10:10 LBLA *El ladrón sólo viene para robar y matar y destruir; yo he venido para que tengan vida, y para que la tengan en abundancia.*

Cuando el enemigo lanza un ataque en contra de cualquier cristiano, lo hace para matar, robar y destruir. La palabra matar no quiere decir exterminar físicamente, *sino que intenta que las cosas que producen vida comiencen a experimentar una involución y un tipo de muerte espiritual.*

Viene a robar lo que te ha sido dado por Dios para que la faceta final sea definitiva y sea una destrucción completa simplemente porque no aprendiste a levantarte.

Hay cosas que ya te fueron dadas por Dios y debes aprender a cuidar. Entonces basándote en la profecía en *Génesis 49:19* donde dice: "*...a Gad salteadores lo asaltarán...*" podrás notar que el ataque es sorpresivo. Gad, en la milicia, es un guerrero, un valiente marchando hacia la tierra de la conquista, sabe que tiene enemigos y que en cualquier momento lo van atacar, pero no sabe con certeza cómo y cuándo será el ataque, por eso lleva implícito el término "salteadores" y de repente surge un ruido fuerte, a eso se le llama "ataque sorpresivo."

No cabe duda que todos, en algún momento han tenido uno o varios ataques, porque esa es una de las artimañas del enemigo.

Todo militar es preparado para ataques sorpresivos.

Por eso tiene que haber una reacción inmediata donde lo que cuenta es lo que se tiene en el consciente, en el inconsciente y hasta el subconsciente. Pueden ser reflejos inmediatos que surgen, basados en el entrenamiento que se tuvo.

Dependiendo del ataque que sufras debes saber qué es lo que tienes hacer; como las estrategias militares, tirarte al suelo, rodar, trepar, pero muchas veces lo que haces quizás es lo contrario, como ponerte a llorar, lamentar y no es que eso sea malo, porque el hombre es un ser emocional, (posiblemente puedes lamentarte porque te ha dolido), pero Dios está interesado que tengas este entrenamiento para que no te quedes postrado a pesar de cualquier situación adversa que pueda venir en contra de tu vida.

Dios sigue confiando en ti y lo hace, porque mira la Sangre de Cristo sobre tu propia vida; lo hace por causa de la Sangre.

Por causa de las inversiones que Dios ha hecho en tu vida, tal como el derramamiento de su Espíritu, ministraciones que te han sido dadas aunque tú no lo veas; cuando estás en una tormenta y no sabes que hacer, allí está Él para traer paz y seguridad.

Esa es la gran pregunta: ¿Qué hacer cuando te viene un ataque sorpresivo?

Los ataques sorpresivos son ataques inesperados. Cuando estás en tus mejores momentos con tus músculos espirituales en forma y con estrategias activas tus reflejos están veloces, estas vigilante y preparado. El diablo no te va atacar cuando estés o te sientas como un campeón, él sabe muy bien que está en desventaja, él les dice a sus demonios que sería una pérdida de tiempo si atacan en esos momentos y dice que esperen a que te descuides un poquito, la Biblia dice lo siguiente:

Mateo 13:25-27 LBLA *Pero mientras los hombres dormían, vino su enemigo y sembró cizaña entre el trigo, y se fue. Cuando el trigo brotó y produjo grano, entonces apareció también la cizaña. Y los siervos del dueño fueron y le dijeron: "Señor, ¿no sembraste buena semilla en tu campo? ¿Cómo, pues, tiene cizaña?"*

Lo que hace el enemigo es lanzar un ataque sorpresivo cuando comienzas a menguar en la respuesta a dar. ¡Como un buen soldado, debes de estar vigilante siempre!

LA BATALLA PERSONAL DE DAVID

2 Samuel 11:1 [LBLA] *Aconteció que en la primavera, en el tiempo cuando los reyes salen a la batalla, David envió a Joab y con él a sus siervos y a todo Israel, y destruyeron a los hijos de Amón y sitiaron a Rabá. Pero David permaneció en Jerusalén.*

En los tiempos antiguos, los reyes iban a la batalla y se preparaban con su armadura, subían a su carruaje e iban al frente del ejército. David, como rey, siempre inspiraba a sus seguidores, pero ese día David se quedó en Jerusalén y no subió a la batalla.

Sus valientes fueron a la batalla, pelearon y conquistaron, más el problema fue que David bajó la guardia, cuando debería de estar peleando al frente con su ejército, "*decidió darse una tregua*" y allí fue cuando llegó la tentación.

Son muchos los cristianos que hacen lo mismo que David, toman tiempo de tregua de paz con su adversario diciéndole: "Ni tú me molestas ni yo te molesto."

Debes de tener en cuenta en tu corazón, que hasta que no llegues al Reino de paz con el Señor Jesucristo, no dejarás de estar en una guerra constante contra el enemigo.

La Biblia dice que David estaba en la azotea y vio a una mujer que se bañaba, preguntó quién era y ordenó inmediatamente que se la trajeran. Desde ese momento le vinieron una serie de conflictos por causa de su pecado, que marcaron fuertemente su vida y la de su futura generación, quedando escrito en la historia para la posteridad.

Esta situación fue el producto de un momento de debilidad, que aprovechó Satanás, para que David dejara de estar activo en lo que sabía que tenía que hacer.

Así mismo sucede hoy en día, Satanás lanza "debilidades" para impedirte que continúes activo en lo que sabes hacer. Cuando viene la debilidad a tu mente, es desocupada del entrenamiento que Dios te está dando, se desocupa de la realidad que es:

- reconocer que estas en constante lucha,
- de que no puedes bajar la guardia,
- que siempre estás en constante peligro,
- y de que el diablo como león rugiente anda alrededor con la intención de devorar.

Cuando entras en debilidad tu mente se desocupa,

entonces el enemigo lanza un ataque sorpresivo, así fue el caso de David, el enemigo lo encontró desocupado. Es importante no perder la motivación; la realidad del propósito de Dios en tu vida, no puedes entrar en estados de indiferencia, apatía y pasividad.

La gente con mente desocupada es producto de la debilidad y blanco de ataques certeros. Una mente en esas condiciones no encuentra que hacer, se mantiene aburrida, por el contrario debes de mantenerte activo renovando tu mente continuamente en el conocimiento de la Palabra de Dios.

Esto mismo le dice el apóstol Pablo a Timoteo:

1 Timoteo 4:13 [LBLA] *Entretanto que llego, ocúpate en la lectura de las Escrituras, la exhortación y la enseñanza.*

En otras palabras, Pablo le dice a Timoteo que no descuide el don espiritual. Significa que tu don espiritual debe ser alimentado en todo momento por la Palabra de Dios.

Jesús te dice: mientras esperas por mi pronta venida, ocúpate en escudriñar las escrituras, reflexionar sobre estas cosas, dedícate a ellas, para que todos miren que estás aprovechando bien tu tiempo ocupado en el Señor.

Y otra vez le insiste el apóstol Pablo a Timoteo:

"*ten cuidado de ti mismo, de la enseñanza y persevera en estas cosas que haciendo esto te salvaras a ti mismo y salvaras a los que te escuchan*". 1 Timoteo 4:16

Le da, por lo menos ocho recomendaciones en las que se tiene que ocupar.

LA ESTRATEGIA DE LOS ATAQUES SORPRESIVOS ES ATACAR LA SABIDURÍA

Salmos 107:25 LBLA *Pues El habló, y levantó un viento tempestuoso que encrespó las olas del mar.*

Para un marinero acostumbrado a navegar sobre los océanos esos son los momentos más peligrosos y difíciles. Estos pueden determinar el cambio de la ruta trazada o de perder la brújula y desorientarse.

Salmos 107:26-27 LBLA *Subieron a los cielos, descendieron a las profundidades, sus almas se consumían por el mal. Temblaban y se tambaleaban como ebrios, y toda su pericia desapareció.*

Cuando estás pasando por una gran tormenta y hay una responsabilidad de llegar hacia tu destino la barca, que es tu propia vida o la de tu familia o el llamamiento que Dios te ha dado, es tu responsabilidad llegar a la orilla donde tus propios pies puedan pisar tierra firme. En la tormenta hay desesperación, los ánimos suben y bajan, el alma se consume y tambalea, desaparece toda habilidad y se pierde la destreza para lo que habías sido entrenado. "*...y toda su pericia desapareció*". La palabra *pericia* tiene su significado en el diccionario Strong y es la siguiente: H2451/חָכְמָה/ *kjokmá* de H2449; sabiduría (en buen sentido); sabiduría, ciencia, entendimiento, inteligencia, saber, sabio. En otras palabras está diciendo que por causa de la tormenta que estaban viviendo, su sabiduría /*kjokma*/ desapareció, o sea que:

Satanás lanza un ataque a tu sabiduría que es la que te puede ayudar para saber responder ante las circunstancias de la vida.

¿Por qué ataca a la sabiduría? Porque es la contraparte a la ignorancia y él es príncipe de las tinieblas, que quiere decir príncipe de los ignorantes, él se enseñorea de la ignorancia él lanza ataques para que pierdas nivel de sabiduría. ¿Sin sabiduría, como puedes responder? La sabiduría inicia con conocimiento, nadie alcanza sabiduría si no inicia con la puerta del conocimiento, y el conocimiento es acumulación de información, es recibir enseñanza y la faceta antes de la sabiduría es tu entendimiento y el conocimiento es saber ordenar toda la información que recibes. Entonces el hombre que ha conocido y que entiende, tiene ya la sabiduría y ésta es la aplicación de lo que conoces y entiendes.

La sabiduría es responder a cada circunstancia con la respuesta correcta a cada cosa.

Una persona sabia tiene una respuesta precisa a las circunstancias de la vida. ¿Entonces qué es lo que pretende Satanás? Es que tengas una respuesta incorrecta y lo que hace es lanzar un ataque en contra de la sabiduría. ¿Qué vas hacer cuando venga un evento inesperado a tu vida? No es la voluntad de Dios que las circunstancias que tengas que enfrentar traigan a tu corazón derrota y desánimo, nunca debes de permitir que venga a tu vida ninguna clase de resentimiento contra nadie ni aún contra Dios mismo. Cuando el ser humano llega a decir que no quiere saber nada de Dios ni de su Palabra, es porque en estos casos el enemigo atacó directamente a la sabiduría y por no estar preparado la contaminó.

Cuando venga un ataque sorpresivo clama al Señor y Él te va a responder.

Salmos 107:28-30 LBLA Entonces en su angustia clamaron al SEÑOR y El los sacó de sus aflicciones. Cambió la tempestad en calma y las olas del mar callaron. Entonces se alegraron porque las olas se habían aquietado, y El los guió al puerto anhelado.

La Biblia habla de unas de las peticiones más importantes y éstas son las que le hicieron sus discípulos cuando le dijeron: "enséñanos a orar" y la de Pedro cuando le dijo a Jesús: "¡Ayúdame que perezco!"

Aquí la elocuencia no le servía a Pedro, porque si no gritaba ayuda entonces se ahogaba. Lo que llama la atención es que la sabiduría es estratégica en la vida, por eso es que es atacada, y si la atacan pueden mover las columnas que sostienen y tratan de derribarla. Esas son las columnas que deben de permanecer fuertes en tu vida.

Dice la palabra que la sabiduría /*kjokma*/ edificó su casa y ha labrado sus siete columnas.

Proverbios 9:1 LBLA *La sabiduría ha edificado su casa, ha labrado sus siete columnas.*

Si conservas la sabiduría que Dios te ha dado, llegarás a ser columna en el Templo de Dios tal y como lo prometió en su Palabra.

Apocalipsis 3:12 LBLA *Al vencedor le haré una columna en el templo de mi Dios, y nunca más saldrá de allí.*

La sabiduría forma un carácter permanente en la vida y permite mantener las promesas del cielo sobre tu cabeza, produce esperanza y fe que son dones que Dios derrama. Y cuando eres columna sabes que de tu determinación y fidelidad a Dios, depende tu vida, tu familia y tu caminar. Por eso no debes permitir que la sabiduría que Él te ha dado sea saboteada.

La sabiduría /*kjokma*/ junto con otras siete sabidurías forma la multiforme sabiduría de Dios.

Efesios 3:10 RV1960 *para que la multiforme sabiduría de Dios sea ahora dada a conocer por medio de la iglesia a los principados y potestades en los lugares celestiales.*

La sabiduría se sostiene a través de una guerra espiritual, ésto te hace ser siempre un vencedor. La Biblia menciona a un personaje que tenía una sabiduría /*kjokma*/, y le vino un ataque pero no salió vencedor y se convirtió en Satanás.

Ezequiel 28:4-5 RV1960 *Con tu sabiduría y con tu prudencia has acumulado riquezas, y has adquirido oro y plata en tus tesoros. Con la grandeza de tu sabiduría en tus contrataciones has multiplicado tus riquezas; y a causa de tus riquezas se ha enaltecido tu corazón.*

Ezequiel 28:7 RV1960 *por tanto, he aquí yo traigo sobre ti extranjeros, los fuertes de las naciones, que desenvainarán sus espadas contra la hermosura de tu sabiduría, y mancharán tu esplendor.*

En este verso vemos que Luzbel estaba teniendo un ataque a su sabiduría.

Ezequiel 28:13 RV1960 *En Edén, en el huerto de Dios estuviste; de toda piedra preciosa era tu vestidura; de cornerina, topacio, jaspe, crisólito, berilo y ónice; de zafiro, carbunclo, esmeralda y oro; los primores de tus tamboriles y flautas estuvieron preparados para ti en el día de tu creación.*

Ezequiel 28:17 [RV1960] *Se enalteció tu corazón a causa de tu hermosura, corrompiste tu sabiduría a causa de tu esplendor; yo te arrojaré por tierra; delante de los reyes te pondré para que miren en ti.*

Por eso el desafío que tienes es guardar la sabiduría. Recuerda que ésta te dará la capacidad estratégica, la cual te va ayudar a defender tu casa, convicciones y principios, Dios quiere levantar gente sabia en las congregaciones.

Eclesiastés 9:15-18 [LBLA] *pero en ella se hallaba un hombre pobre y sabio; y él con su sabiduría libró la ciudad; sin embargo, nadie se acordó de aquel hombre pobre. Y yo me dije: Mejor es la sabiduría que la fuerza; pero la sabiduría del pobre se desprecia y no se presta atención a sus palabras. Las palabras del sabio oídas en quietud son mejores que los gritos del gobernante entre los necios. Mejor es la sabiduría que las armas de guerra, pero un solo pecador destruye mucho bien.*

Eclesiastés 4:13 [LBLA] *Mejor es un joven pobre y sabio, que un rey viejo y necio, que ya no sabe recibir consejos.*

Muchas veces existen personas que son traídas

desde abajo como este joven pobre pero sabio, para que aprendan de la vida y puedan aconsejar a otros, sin importar que otros los vean como jóvenes, ellos van a poder sostener la sabiduría que aprendieron a recibir y a retener.

Se necesita entender el por qué Dios ha dado la sabiduría, y saber que no hay mayor arma para la guerra espiritual que un hombre sabio y una mujer sabia. Para adquirirla se tiene que pagar un precio muy alto. Lamentablemente, algunas veces se adquiere sabiduría después de cometer fallas y sufrir el efecto de las mismas.

Tienes que hacer cuenta de todas las etapas que has vivido, en el momento de la adversidad no se ven, sin embargo se aprende mucho cuando se ha llorado, sufrido, cuando en algunas ocasiones has sido lastimado, progresivamente todo esto ha ido formado un carácter en ti mismo, para que seas esa columna que Dios quiere.

Te animo para que ores pidiéndole a Dios que te otorgue cada día esa sabiduría que puedas retener. Ella, sin lugar a duda, te va a servir para que puedas caminar por el resto de tus días hasta alcanzar la eternidad en su presencia.

CAPÍTULO 4

EL LIBRO DE LAS GUERRAS DE SATANÁS

Es muy interesante ver cómo el reino de las tinieblas opera en contra de tu vida y como obtiene ventajas ante la falta de conocimiento; no obstante Dios promete guardarte, por cuanto Él te ha hecho promesas de protección divina. Sin embargo, también existe otra verdad que paralelamente a eso, es importante que la consideres y la recuerdes ya que escrito está: "*mi pueblo es cautivo por falta de conocimiento.*" Basado en esto, es necesario saber que las batallas o la guerra espiritual, forman parte de atmósferas que trabajan en el régimen de lo jurídico.

En el ámbito espiritual, hay leyes que al desconocerlas se violan, y aunque tengas confianza y fe en que Dios te protege, cuando se cae en una violación de ese tipo, automáticamente le estás cediendo derecho al reino de las tinieblas a que ellos puedan intervenir en contra de tu propia vida.

Dios no sólo desea que confíes en sus promesas, sino que puedas adquirir el conocimiento necesario para saber cómo es el régimen de derechos de las tinieblas; para que no caigas dentro del esquema de ellas y como consecuencia en las mismas trampas de Satanás. Porque eso es lo que al final de cuentas el enemigo está buscando; más que a la humanidad, es hacer caer al cristiano que desconoce del régimen de derechos que las tinieblas pueden ejercer en cualquier momento sobre su vida.

De tal manera que también es necesario aprender cuales son los catorce ataques (explicados en detalle más adelante en este mismo capítulo bajo el título "Estrategias de las tinieblas usadas contra el pueblo de Dios") que Satanás lanza en contra de cualquier cristiano, no sólo es poder identificarlos y swsi en algún momento llegan a querer afectarte, que el ataque no sea totalmente sorpresivo, sino que puedas atacarlo en el nombre de Jesús y vencerlo.

2 Corintios 2:11 LBLA ...para que Satanás no tome ventaja sobre nosotros, pues no ignoramos sus ardides.

La palabra *ARDIDES* es un sinónimo de artimañas, lo cual como puedes ver cuando el Apóstol Pablo dice claramente que nosotros (incluye a todo el pueblo de Dios), no habla solamente de él sino de un grupo en general y lo hace precisamente porque es aquello a lo que tu estás invitado a alcanzar. El conocimiento de los esquemas que se mueve en las tinieblas.

LOS LIBROS DONDE SE PLASMAN LA HISTORIA DE LA HUMANIDAD

Al conocer las asechanzas o "*ardides*" que se mueven en las tinieblas, entonces Satanás no te sorprenderá con su *modus operandi*; por lo tanto, este estudio te permitirá ver que las potestades, tanto de la luz como de las tinieblas; tienen acceso a documentos que pueden consultar para ser utilizados en cualquier época, o sea, todas las potestades, tanto terrenales como espirituales, se han hecho valer de libros o manuales para consultar consejos, planes y pasos a seguir. Por eso es que existe el "*Libro de las Guerras de Satanás*"; pero más que eso, existe el "*Libro de la Vida*" donde se plasmó nuestro nombre con tinta de la sangre del Cordero de Dios al momento en el que aceptamos su invitación para ser trasladados de las tinieblas a la luz admirable de Jesús, pero no solamente nuestros nombres, sino que también los detalles de aquel momento, por ejemplo: la fecha exacta con detalle de hora y minutos.

El problema con este tipo de situaciones es que de

igual forma como se ha establecido en el libro de la vida una bendición descrita, igualmente sucede del lado de las tinieblas pero con los errores o pecados que los seres humanos han cometido, para que a ellos les quede escrito el precedente y que en su momento lo puedan utilizar jurídicamente; porque debes comprender que en el sacrificio glorioso de nuestro Señor Jesucristo encontramos lo siguiente:

Colosenses 2:14-15 RV60 ...anulando el acta de los decretos que había contra nosotros, que nos era contraria, quitándola de en medio y clavándola en la cruz, y despojando a los principados y a las potestades, los exhibió públicamente, triunfando sobre ellos en la cruz.

Existían actas de decretos que en determinado momento se llevarían a cabo en ciertas épocas de cualquier vida, por causa de haber violado los principios espirituales, los cuales son argumentos que ellos tienen para intervenir jurídicamente a una persona. Pero entonces debes comprender que existen documentos o libros donde está plasmada mucha de la historia de la humanidad. Entre los libros que se pueden mencionar están los siguientes:

1.- ***El libro de las Generaciones*** (*Génesis*), era importante ese libro por cuanto es el inicio de las generaciones de donde partimos con Adán, de ahí se ramifican las generaciones, por ejemplo: una generación que busca a Dios y que lleva el nombre de Dios, refiriéndose a los descendientes de Set. La otra generación era una simiente maligna que viene de los lomos de Caín; por eso era necesario establecer el libro de las generaciones, para dejar registrada la diferencia entre cada una de ellas y que nosotros seamos considerados dentro de la descendencia con bendición.

2.- ***El libro de las Memorias*** (*Ester*), es el libro donde el rey Asuero anotaba los eventos considerados, quizás como especiales y cuando él deseaba recordarlos, enviaba a traer el libro de las memorias.

3.- ***El libro de Jaser*** (*Josué 10:13 y 2 Samuel 1:18*), es un libro que registra eventos de carácter sobrenatural y eventos en la historia misma del pueblo judío que fueron catalogados como eventos únicos y para no olvidar la importancia de esos eventos que también involucraban personajes, como el caso de Josué cuando detiene el sol y la luna. Otro evento es cuando David hace un canto en memoria de las cosas buenas que había hecho Saúl.

4.- ***El libro de la Existencia*** (*Salmo 139:16*), es en este Salmo precisamente donde David dice que están escritos todos los días de su existencia. Este es el libro donde queda anotado el evento cuando nace una persona, su desarrollo y hasta el momento cuando él muere.

5.- ***El libro de los que Temen a Jehová*** (*Malaquías 3*), este libro está íntimamente ligado con el evento que le espera a la Iglesia del Señor Jesucristo: el arrebatamiento; un tema único para explicar pero que tiene relación con aquellos que le tememos a Jehová, porque en el relato del libro del Profeta Malaquías encontramos que un grupo de personas se desalentaban en el servicio a Dios; pero otros que le servían a Dios con todo su corazón, no aceptaron esa ministración negativa por cuanto temían a Jehová y se alentaron unos a otros para seguir adelante; en ese momento Dios los escuchó y anotó sus nombres en el libro de los que Temen a Jehová.

6.- ***El libro de Las Obras*** (*Apocalipsis*), tiene anotado todas las obras que nosotros hemos podido realizar y que han sido para honrar el nombre de Dios.

7.- ***El libro de las lágrimas*** (*Apocalipsis*), Unido a todos estos libros, también se puede encontrar en *Apocalipsis*, que se menciona un libro donde se anotan las lágrimas que son derramadas por el pueblo de Dios cuando han sido víctimas de asuntos injustos; lo maravilloso de esto es que por cada lágrima que nosotros podamos derramar, nos esperan bendiciones gloriosas para consolar nuestra vida.

8.- ***El libro de Las Guerras del Señor*** (*Números 21:14*) ¿Qué se puede encontrar en ese libro? Crónicas, estrategias de guerra, conquistas, era un libro que no solamente tenía los nombres de quiénes encabezaron esas batallas, quiénes hicieron los actos más arriesgados para demostrar su valentía y fidelidad al Señor; sino que era un libro donde se encontraban las formas de cómo ganar las guerras. Además de encontrar destrezas, se encontraban victorias futuras sobre los enemigos; a lo cual se debe comprender que esto no es que sea nuevo, porque en el año de 1947, unos arqueólogos, encontraron libros en las cuevas llamadas *QUMRAM*, son pergaminos con escritos de estrategias militares. Este libro contenía un sello que decía: *EL LIBRO DE LAS GUERRAS DEL SEÑOR*, el cual se puede encontrar también en la Biblia.

El problema es que Satanás todo lo copia, entonces también tiene sus libros de guerra. Cuando Dios quiere destruir los esquemas o planes que tiene el enemigo lo hace a través de la Iglesia; se debe saber que lo hace por medio de avivamientos en la vida del creyente, lo hace en congregaciones; ya que en los avivamientos Dios lo que hace es lo siguiente:

1.- Derramar de esa unción poderosa para romper con todo lo que el enemigo ha atado en multitudes de vidas y que les impide desarrollar la vida espiritual; es uno de sus principales propósitos entonces hacer libre en medio de sus avivamientos a muchos.
2.- Como segundo paso está en que pueda convertirte en libertador para la gloria de Dios; primero tienes que ser plenamente libre, para que puedas liberar a otros y para eso es necesario que, destruyas lo que le es útil al reino de las tinieblas. Por eso es, que Él está derramando una unción de poder, para romper con todo yugo y cadenas de esclavitud, para que todo su pueblo pueda caminar en libertad como nunca antes se había caminado.

Cabe mencionar, que cada día somos testigos de

una unción cada vez mayor de liberación como nunca antes se había alcanzado y que por muchos años algunos habían estado clamando a Dios, pidiendo una oportunidad de ser verdaderamente libres; hasta que llegó el Año de la Libertad y Dios está derramando de la unción necesaria para que entonces puedas ser trasladado a otro nivel de libertad que no tenías antes. Ahora, el siguiente paso después de la unción de libertad, es en el que Dios estará utilizando tu vida en el área de la liberación.

De la misma forma puedes ver cómo es que el Señor Jesucristo trajo el evangelio, salvando, sanando y liberando para que después, ese avivamiento llegara a las ciudades confrontando el poder de las tinieblas, de tal manera que los libros de las guerras de Satanás se empezaron a destruir.

Hechos 19:19 [LBLA] *Y muchos de los que practicaban la magia, juntando sus libros, los quemaban a la vista de todos; calcularon su precio y hallaron que llegaba a cincuenta mil piezas de plata.*

MAGIA G4021 */periérgos/* de G4012 y G2041; trabajar todo alrededor, oficioso (entremetido, neutro plural mágico): entremetido, magia.

Cuando lees *LIBROS DE MAGIA*, en determinado momento puedes llegar a creer que son simples manuales o menospreciando aquellos que siendo una herramienta de las tinieblas muy peligrosos para las vidas de las personas, muchos que quizás se consideran inofensivos; cuando la realidad es que la palabra *PERIERGOS*, como lo define el diccionario Strong, tiene mucho que ver con la sabiduría que prevalecía en los tiempos antiguos; siendo las máximas fuentes de ese conocimiento, los Egipcios y los Babilónicos. Esto significa claramente que, esos libros eran las biblias de la mentalidad mística y ocultista de aquellas razas, pero no para hacer actos de magia como los que hoy día se ven en espectáculos públicos donde lo único que hacen es entretener a la gente; lo que hicieron en la antigüedad, fue basado directamente en los libros de las guerras de Satanás.

Sin embargo, el poder del evangelio de nuestro Señor Jesucristo llega a romper con aquella maldición que por falta de conocimiento los había mantenido aprisionados y es entonces cuando los apóstoles ven la sobrenaturalidad del efecto que esto causa sobre las artimañas del enemigo y la gente empieza a ser liberada al conocer el poder de Dios, el cual se manifiesta en una atmósfera llamada *AVIVAMIENTO* como hoy lo quiere activar en tu vida.

Lo impresionante de ésto, es que esos libros narraban el plan que Satanás tiene en contra del pueblo de Dios, principalmente en contra de todo aquello que puede vencerlo. Y fue precisamente a través de su plan revelado en esos libros (pero solamente a los que están decididos a servirle en las tinieblas), con los cuales él formó su ejército y los equipó a través de sus libros de magia basados en ocultismo.

"Ocultismo" es una palabra que en el idioma latín significa: *lo escondido, lo secreto, las cosas ocultas o lo profundo de Satanás.* El manual de guerra o libro de los esquemas de las tinieblas, contenía esos secretos que solamente se lo entregaban a sus obreros, seguidores, siervos o agentes de mal.

Apocalipsis 2:24 LBLA *'Pero a vosotros, a los demás que están en Tiatira, a cuantos no tienen esta doctrina, que no han conocido las cosas profundas de Satanás, como ellos las llaman, os digo: No os impongo otra carga.*

Todo esto lo que hace es que viene a nutrir. Hace que haya muchas formas de cómo Satanás imparte su conocimiento, a través de ritos, oralmente, a través de demonios, de encantamiento, de hechizos y demás, muchas son las formas que él utiliza para impartir su conocimiento.

Es por eso qu,e cuando encontramos una Biblia

con la Palabra de Dios, pero de muy reciente traducción o interpretación; vemos que en lugar de establecer una traducción más acertada al significado original; escriben: libros de magia, específicamente en versículos como el que describimos en *Hechos 19:19*; cuando en realidad significa algo más profundo y es entonces que no se detienen a estudiar lo que algunos versículos significan. Por esa razón, encontramos que la Iglesia primitiva llegó a destruir libros de guerra de las tinieblas porque ellos tenían la escritura directa de lo que debían interpretar y conociendo correctamente el significado y propósito para la cual habían sido escritos.

Con todo y eso, Satanás sigue revelando secretos a los siervos que tiene en el mundo de las tinieblas. Es por esta causa que continúan surgiendo manuales que son fuentes de información para darle lugar a rebeliones y males, por ejemplo: existe una biblia que es fuente de males en contraposición de las Santa Escrituras, esta biblia obviamente se llama *La Biblia de Satanás* y dentro de las cosas que en algún momento pueden sorprender es que, así como en la Biblia que Dios mismo inspiró, habla de los diez mandamientos; en la Biblia de Satanás también habla de mandamientos pero en contraposición, por ejemplo:

LA BIBLIA DE NUESTRO DIOS	LA BIBLIA DE SATANÁS
No adulterarás	Adulterarás
No desearás la mujer de tu prójimo	Desearás la mujer de tu prójimo
No robarás	Robarás
No matarás	Matarás

Por eso es que Dios permite que de alguna manera surjan tiempos en los que Él se manifiesta de una forma sobrenatural, para destruir las obras de las tinieblas que vienen a reconstruirse a través de los tiempos, por ejemplo: si en la época del libro de los Hechos de los apóstoles, existió material de Satanás que contenía parte de sus secretos; pero los apóstoles juntamente con la Iglesia primitiva, como regularmente se le conoce, (aunque de primitiva no tenía nada, sino que era una Iglesia poderosa en Dios, una Iglesia de milagros, de sanidades, de sobrenaturalidades) que por el avivamiento de Dios, aplacaron el mover de las tinieblas; significa por lo tanto que de esa misma forma hoy día, debe suceder lo mismo, porque Satanás a través de los tiempos vuelve a reconstruir su Biblia y añade más capítulos; por eso es que Dios permite que haya remanentes en el tiempo en los cuales Dios se manifiesta llegando con revelación, con estrategias, con principios, con autoridad, con poder para que esto cause en cada tiempo, destrucción de las artimañas del reino de las tinieblas y que los más débiles puedan tener la oportunidad de ser equipados con la verdad para que mantengan avivada la esperanza de la Segunda Venida de Nuestro Señor Jesucristo.

LAS FECHAS ESCOGIDAS POR SATANÁS

La gente es afectada cuando desconoce algunas cosas que Satanás muy sutilmente maneja, y dentro de ese programa que él administra, el cual hemos llamado *BIBLOS PERIARGOS*, es la razón del por qué existen ciertos períodos en la vida humana e inclusive en los creyentes; en donde se manifiestan más depresiones y desánimos que afectan en todo el mundo. Donde abundan más los ataques a la familia, destrucción de matrimonios, donde existen pecados que involucran a todos los niveles del creyente, donde la economía es afectada, donde el pueblo de Dios se congrega más o se congrega menos que en otras épocas.

La pregunta siempre había sido: ¿Por qué? La respuesta es, porque existen cuatro fechas importantes que nadie las detecta porque están escondidas detrás de las fechas del calendario gregoriano, o sea, el calendario que comúnmente se vive en cualquier lugar y que sirve para que se puedan ordenar las diferentes actividades.

Detrás de todos los días que ahí figuran, existe una especie de conteo de ciertas épocas que son las fechas donde más se incrementan los ataques espirituales, y si no sabes y a la vez desconoces todo ésto, nunca discernirás de qué forma efectiva orar, interceder, suplicar, cómo pedirle a Dios para que te guarde y no participes en todo ello para no caer en la atmósfera de cada tiempo.

Estas cuatro fechas están comprendidas con lo que se llama *FIESTAS SATÁNICAS ESCONDIDAS EN LOS TIEMPOS*, las cuales describo a continuación:

1- Solsticio de invierno del 21 de Diciembre (*FIESTA SATÁNICA YULE*) al 1 de Febrero (*FIESTA SATÁNICA IMBOLOG* ú *HOMBLIGO*).
2- Equinoccio de primavera del 21 de Marzo (*FIESTA SATÁNICA OSTARA*) al 1 de Mayo (*FIESTA SATÁNICA BELTAINE ó FESTIVAL DEL FUEGO*).
3- Solsticio de verano del 21 de Junio (*FIESTA SATÁNICA LITHA*) al 1 de Agosto (*FIESTA SATÁNICA LUGHNASADH*).
4- Equinoccio de otoño 21 de Septiembre (*FIESTA SATÁNICA MABON*) al 31 de Oc-

tubre (*FIESTA SATÁNICA SAMHAIN* ó *HALLOWEEN*).

El período desde el inicio de la primera fiesta hasta el inicio de la segunda, en cada período, se encuentran seis semanas que dejan ver que es el tiempo que Satanás tiene planificado para incrementar sus embestidas contra la humanidad, pero aún falta una semana en la segunda fiesta, para completar siete semanas; eso significa que en cada período que Satanás tiene marcado, lo ha hecho sobre una atmósfera de rebelión absoluta por cuanto al sumar el número de semanas, por período, obtenemos como resultado 13, o sea: 6 + 7 = 13. Otro punto que se debe resaltar es que el número 6 sobre el número 7, demuestra que la problemática humana, viola, evade o tiene en poco el perfeccionamiento de Dios; por eso es que los periodos van de 6 semanas festivas paganas sobre una séptima, con lo cual Satanás busca impregnar en la humanidad el sello de rebelión.

Solsticio de invierno del 21 de Diciembre (*FIESTA SATÁNICA YULE*) al 1 de Febrero (*FIESTA SATÁNICA IMBOLOG* ú *HOMBLIGO*)

Ahora bien, las fiestas que están involucradas en los cuatro períodos, son de origen europeo y empiezan precisamente con una fiesta llamada *YULE*, la cual viene a influir la vida del pueblo de Dios a través de lo que se conoce como el espíritu de la navidad, la cual atrae: depresión, tristeza, desánimo, porque quizás en otro período algún familiar muy cercano a ellos, partió de esta tierra y eso mismo hace que haya estados que el alma no logra superar tan fácilmente. Es por eso que Satanás ha creado atmósferas, para tener sojuzgadas a las personas; principalmente al pueblo de Dios. Posteriormente viene la fiesta que empieza el 1 de febrero, la cual en Estados Unidos de América, es conocida como ***la fiesta de la Marmota***, la cual viene a marcar el cambio de época, esto también es de origen europeo, pero el enemigo se ha encargado de acomodar las situaciones del mundo para que la humanidad confíe en los presagios.

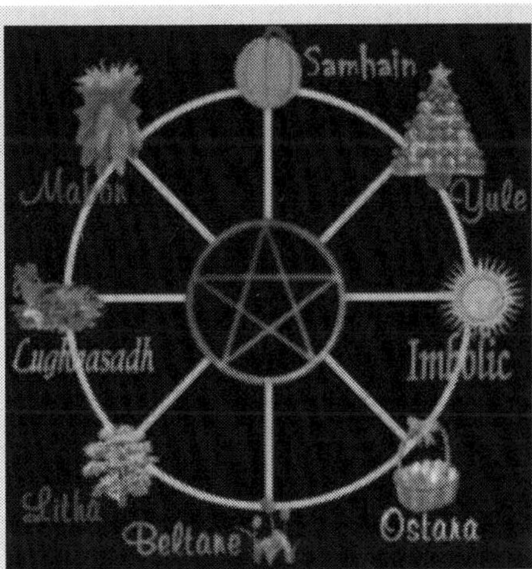

Posteriormente viene otra fiesta llamada: Día de los enamorados, o ***día de San Valentín*** la cual tiene como símbolo, lo que romanos y griegos han llamado como *cupido*, y está tipificado en un niño con una supuesta imagen de angelito, con arco y flecha, la cual lanza a la gente y supuestamente se enamoran. Ese es un dios que exalta el amor eros; un sentimiento directamente a la carne el cual va en contra del verdadero amor, o sea, el amor */ágape/* que perfecciona de parte de Dios y que abarca espíritu, alma y cuerpo. Después viene ***la fiesta de San Patricio***, donde su mayor característica visual humana, es que la gente se viste de verde. Luego viene otra fiesta que empieza el 1 de marzo, esta es llamada: *OSTARA*, o llamada también, ***Pascua***, es precisamente aquí donde en muchos lugares latinoamericanos celebran la llamada: *SEMANA SANTA*. *OSTARA* es una diosa anglosajona de la primavera.

Lo que en realidad estamos dando a entender es que todo el año está ocupado por parte de las tinieblas en celebraciones Satánicas, las cuales se encubren fácilmente en el calendario gregoriano conforme pasan los días del año en sus diferentes épocas. Éstas pueden causar diferentes estados de ánimo, cierta apostasía reversible en el cristiano; porque se crean atmósferas que les hace cambiar su forma de pensar respecto a las ideas que ya habían adoptado.

Todo eso es cambiado por el espíritu que se mueve de acuerdo a las diferentes fechas del calendario Satánico encubierto por el calendario gregoriano. Veamos estas fiestas gráficamente.

YULE ó Navidad	Navidad (21 al 25 de Diciembre. Yule)
Imbolo ú Ombligo	Día de la Marmota (1-2 de Febrero Imbolc)
Ostara o Easter	Día de San Valentín (14 de Febrero)
Beltane	Día de San Patricio (17 de Marzo)
Litha	Día de Easter o Pascua (21 Marzo Ostara)
Lughnasadh ó Lamas	Festival de Baltane (30 Abril al 1 de Mayo)
Mabon	Mes Sagrado (21 de Septiembre Mabon)
Samhain o Halloween	Halloween (31 de Octubre Samhain)

LAS AUTORIDADES DE LOS BRUJOS

Hay que tener cuidado con todo esto; porque

cuando un brujo llega al nivel de consagración en el cual se hace acreedor al libro del ocultismo o de los secretos de Satanás, es porque tiene los frutos necesarios que demanda Satanás para entregarle ese manual y entonces le entrega los protocolos de las tinieblas, lo cual significa una estructura de espíritus de los que él puede disponer para desatarlos en una ciudad o región. Estos espíritus tienen una serie de pecados y maldiciones, por ejemplo: lascivia, lujuria, concupiscencia, enfermedad, pobreza, pasiones desordenadas, /*eros*/, el cual promueve adulterio y fornicación y demás estados de prácticas inmorales. Son una serie de espíritus que los brujos pueden administrar como resultado de haberse ganado la confianza de Satanás y entonces él, a su vez, les confía sus secretos.

El tema de la brujería es muy sutil; cuando se observa en las formas diversas en que trabaja y opera, se puede notar la influencia destructiva del mundo de las tinieblas. Es tan certero y tan fuerte que han llegado al grado que en Nueva York existe una tienda de brujería llamada: *La Tienda de los Espíritus*; donde venden espíritus de las tinieblas enfrascados, para que los puedan liberar en el momento que la gente quiera que hagan daño, sea cual sea el daño; lo asombroso de esto es que el único que puede detener ese ataque o volverlos a enfrascar es el dueño de la tienda al cual Satanás le entregó ese protocolo.

Como consecuencia las personas que son afectadas en su salud, no pueden encontrar médico que los pueda sanar con medicina normal; es más aún, ni otros brujos pueden liberarlos porque cuando alguien está siendo afectado en ese sentido y busca ayuda con otros brujos, ellos saben qué espíritu es de ellos y cuál no; de tal manera que ellos mismos lo dicen claramente que son espíritus que pertenecen a determinado brujo y es solamente resuelto el asunto, hasta que buscan el brujo que lo envió, el que lo puede volver a enfrascar.

DIFERENCIANDO LOS TRABAJOS POR RANGOS

Otro de los puntos que debemos considerar es la diferencia entre un brujo y un hechicero, porque son diferentes niveles. Un brujo primero tuvo que ser hechicero, hasta que logró alcanzar el nivel en el que sería promovido para ser brujo. Para que entonces pueda conocer los diferentes espíritus que dominan en cada continente, hasta que Satanás le entrega *el libro de sus secretos*, ante lo cual no existe nada en el mundo que pueda detener ese tipo de ataques, sino el poder que ha sido conferido a la Iglesia del Señor Jesucristo porque es la institución legal de parte de Dios y autorizada para neutralizar y hacer retroceder toda influencia maligna de las tinieblas.

Sin embargo, mucha gente cree que puede hacer retroceder la mala suerte que en algún momento ha llegado a sus vidas o quizás para prevenirla, suelen rociar agua con diferentes hierbas o hacen algún tipo de ritos donde pueden lanzar olores en los ambientes. Eso lo usan para que la gente que llega a sus negocios se vean influenciados por ese tipo de hechizos y entonces compren aunque no necesiten lo que están adquiriendo, sin embargo lo hacen porque están siendo influenciados por los actos que algunos propietarios o trabajadores de negocios practican en calidad de hechizos.

Todo esto es lo que se encuentra precisamente cuando Satanás trabaja creando atmósferas espirituales, a las cuales, los únicos que puedan detener esas influencias son el verdadero pueblo de Dios.

Debes saber que el mundo espiritual necesita de atmósferas porque ningún espíritu puede tener acceso a ningún lugar, sin que antes no se le haya creado una atmósfera espiritual.

Por eso es que un espíritu lanza influencias desde los ambientes en que se encuentra, para que se les activen atmósferas espirituales.

El espíritu busca que la gente responda ante la influencia que puede ejercer para que al momento en que se haya dado lugar la atmósfera, ellos puedan entrar y establecer lo siguiente:

- Un clima.
- Una fortaleza.
- Una cultura.
- Un sistema.
- Una dimensión de tinieblas.

El problema es que, cuando alguien está en una dimensión del reino de las tinieblas, se le hace difícil lograr lograr salir (aunque no imposible). Por eso es que cuando alguien tiene la dimensión del Reino de Dios en su corazón, todo le es posible, porque encuentra milagros, sanidad, conversiones y revelación de la Palabra. Todo es posible para el que entra en la dimensión de Dios.

Entonces, ya entiendes que la intención en cada fiesta o cambio de estaciones, por parte de Satanás, es que haya una influencia negativa directa a las vidas de la gente y que de igual forma pueda existir una contraposición a las fiestas que Dios instituyó a su pueblo, como podemos ver en este ejemplo:

LAS FIESTAS DE DIOS	LAS FIESTAS PAGANAS
La Pascua	Yule
Los Panes Sin Levadura	Imbolic
Los Primeros Frutos	Ostara
Pentecostés	Beltane
Las Trompetas	Litha
Las Expiación	Lughnasadh
Los Tabernáculos	Mabon
Las Luces	Samhain

Lo interesante entonces es que las fiestas que Dios instituyó para el pueblo de Israel representaban no solamente reposo o tiempos agrícolas, que como consecuencia, ellos pudieran acercarse a Dios ofrendándole en agradecimiento las bendiciones que Dios les permitía vivir, sino que había una razón espiritual más poderosa.

Por eso es que cada fiesta tiene una diferente manifestación del Espíritu Santo de Dios, así como también las fiestas paganas tienen un diferente espíritu de las tinieblas, porque estas fiestas en la humanidad representan momentos de diversión inofensivos aparentemente, por lo que entonces más se acentúan en esas fiestas. Por cuanto la misma ignorancia de la gente le abre puertas para que las tinieblas entren a sus vidas y hagan estragos. Ahore se entiende que las fiestas de Dios se celebraban con un sentido específico, por ejemplo:

1. ***En la Fiesta de la Pascua***, hubo liberación para el pueblo de Israel saliendo precisamente de Egipto.
2. ***En la Fiesta de los Panes sin Levadura***, hubo descontaminación.
3. ***En la Fiesta de los Primeros Frutos***, el que se libera y se descontamina, fructifica en la vida.
4. ***En la Fiesta del Pentecostés***, hubo llenura del Espíritu Santo.

En este orden una vez que pasa la Fiesta de los Primeros Frutos y la persona es liberada, también es descontaminada y posteriormente se llena del Espíritu Santo de Dios. Como consecuencia de todo esto (de los frutos y la llenura del Espíritu Santo), se está más sensible, puede escuchar, lo puede percibir, lo puede ver, en todo momento habla de Dios y luego vienen los dones del Espíritu.

Como puedes ver en el cuadro que antecede, en cada Fiesta de Dios existe una fiesta del lado de las tinieblas, para hacer contraposición a la celebración del pueblo de Dios, las cuales son realidades espirituales en cada uno de sus hijos.

SIGAMOS ANALIZANDO LAS FIESTAS DE DIOS:

5. ***La Fiesta de Las Trompetas***, tiene como objetivo también sensibilizar el oído del creyente para que pueda escuchar lo que el Espíritu dice a la iglesia en su preparación y así poder estar listo para reunirse con el Señor
6. ***La Fiesta de La Expiación***, es precisamente donde tenemos la oportunidad de arrepentimiento que Dios le concede a la Iglesia del Señor Jesucristo.
7. ***La Fiesta de Los Tabernáculos***, tiene como objetivo que nos reunamos con el Señor Jesucristo.
8. ***La Fiesta de Las Luces***, es una fiesta que dio lugar precisamente después de la guerra que tuvo Israel en contra de los macabeos, de tal manera e históricamente se dice que nunca se terminó en ningún momento el aceite y sobrenaturalmente la luz se mantuvo siempre en el pueblo; a eso se le conoce como La Fiesta de Las Luces. Esta octava Fiesta se celebra al noveno mes y diez días de la Fiesta de la Pascua, la cual se celebra en el día catorce del mes de Nisán. Lo interesante es que entre el 14 de

Nisán y el día diez del noveno mes del calendario hebreo; es el tiempo típico en el que se desarrolla un niño en el vientre de su madre y después nace. Esto nos habla de un nuevo nacimiento, pero por parte de las tinieblas, porque lo que quieren es destruir ese nuevo nacimiento con sus atmósferas espirituales y reengendrar al paganismo al que nace de nuevo. Esta fiesta de Kanuhura, esta en el calendario Judío pero no fue dictada por Jehová.

Volviendo entonces al libro de las guerras de Satanás, la información, nos puede servir para saber cuáles son las estrategias que usa por parte de las tinieblas para afectar el avance y el desarrollo del cristiano. Mientras que Dios quiere lo contrario; que seamos parte de su maravilloso avivamiento.

ESTRATEGIAS DE LAS TINIEBLAS USADAS CONTRA EL PUEBLO DE DIOS

1. El desgaste.
2. Ataques sorpresivos.
3. Suministros destruidos.
4. Sabotaje a la fuente de poder.
5. Enfurecer a los enemigos.
6. Acercar a tus enemigos.

7. Batallas equivocadas.
8. División.
9. Aportillar vallados.
10. Aprovechar áreas no rendidas.
11. Provocar Encierros.
12. Ejercer patrones de inteligencia contra la vida del creyente.
13. Desinformación.
14. Ataque al gozo.

Estos catorce puntos llevan mentalidad militar donde existe una esfera jurídica. Sin embargo, Dios desea que conozcas todo este tipo de situaciones para que, no caigas fácilmente en todo lo que el enemigo intenta hacer. Si lo logra se violará el principio espiritual y entonces el diablo podrá tener argumentos para presentar derechos. Su consecuencia demandará intervenciones con fundamento en contra de la vida del creyente. Por eso es que necesitas atender las alertas de Dios, para que no seas presa fácil y que no seas mordido por serpientes ni escorpiones. La promesa de Dios es que lo ibas a pisotear, por eso es importante conocer las estrategias espirituales, en la que debes caminar todos los días de tu vida.

Satanás se mueve en estrategias en diferentes dimensiones. Por eso es que antes que él cayera, la Biblia describe que podía caminar sobre piedras de fuego; como dando a entender quizás, que antes que alcanzara cierto conocimiento, Satanás no podía hacerlo. Satanás fue experto en caminar sobre cosas extrañas que no le perjudicaban.

Hoy Dios te está enseñando que al enfrentar las artimañas del enemigo, no solamente serás inmune a sus engaños, sino que las podrás destruir en el nombre de Jesús.

Por las promesas conocemos que el Dios de paz aplastará a Satanás bajo tus pies. Por eso es necesario conocer la diferencia entre aplastar la cabeza de la serpiente y como atacar a la serpiente. Analicemos el ataque de un águila contra una serpiente: vemos que lo hace directamente a la cabeza, de ese hecho sacamos un mensaje espiritual, porque en la cabeza están los planes y estrategias que al destruirlas, el cuerpo deja de vivir. Una vez aplastada la cabeza, lo demás no tiene mayor importancia aunque la estrategia pueda tener una vida de experiencias, pero una vez que es destruida la cabeza, queda completamente indefensa; por eso es que Dios te enseña cómo es que Él destruye a la serpiente, dándole directamente a la cabeza (*Romanos 16:20*).

CAPÍTULO 5

LAS ESTRATEGIAS DEL ENEMIGO

A continuación describiré las estrategias del enemigo, con el propósito de que no solamente tengas la idea de cómo poder enfrentarlo, sino que puedas ver esa estrategia a la luz de la Palabra de Dios.

1. - EL DESGASTE O DEBILITAMIENTO DE LA VIDA

Proverbios 24:10 [LBLA] *Si eres débil en día de angustia, tu fuerza es limitada.*

El problema principal con este estado emocional, es que lleva la intención de provocar una angustia en la vida y producir debilidad; como consecuencia, la fuerza está limitada por eso es que, su estrategia es precisamente el desgaste y para ese efecto Satanás crea escenarios de angustia, por ejemplo: los problemas económicos, familiares, el fallecimiento de un familiar cercano, diferentes tipos de presión. Ciertamente que se puede extender una palabra de consuelo y esto logre producir ánimo en la vida de aquellos que están atravesando problemas muy grandes, mas el que está en medio de aquella situación, lo que desea es salir de su angustia. Cuando el enemigo ve esa situación en la que el creyente no logra salir adelante; busca prolongar esa ansiedad para que el creyente se vaya debilitando gradualmente hasta perder sus fuerza.

Por eso es necesario que se tengan los sentidos espirituales muy atentos a todo lo que sucede alrededor, para saber en qué momento se podría estar bajo un ataque que te esté afectando directamente. El propósito de este ataque es avanzar poco a poco, hasta que empieces a debilitarte en tus fuerzas y ésto cause que te apartes de todo aquello que te puede ayudar a ser fortalecido espiritualmente. Por eso es importante darse cuenta cuando estás siendo atacado.

Cuando el creyente se empieza a aislar, puede ser que el peor consejero entre en escena: ¿Quién es ese consejero? Él mismo que está atravesando por valles de sombra y de muerte, porque entonces resulta que esa misma persona se hace conjeturas en su mente creyendo que nadie lo comprende y que nada vale ni el menor esfuerzo para salir adelante en la vida. En ese momento, debes saber que esa es la manifestación misma de una guerra espiritual, no es una batalla sino una guerra espiritual que llega frontal; entonces lo que determinará el triunfo o derrota serán las mismas palabras que puedas pronunciar, porque debes de recordar que cada quien se puede atar con sus mismas palabras.

Joel 3:10 [LBLA] *Forjad espadas de vuestras rejas de arado y lanzas de vuestras podaderas; diga el débil: Fuerte soy.*

Cuando Satanás pone un escenario de angustia, lo que él busca es que el creyente pronuncie su derrota. Si en lugar de eso (incluso en medio de cualquier situación contraria), el creyente pronuncia su fortaleza, es cuando empieza a salir de ese estado de ansiedad. Pero es importante reconocer que no es con nuestra propias fuerzas, sino dependiendo de la fortaleza de Dios porque en Él todo es posible y es por eso que siempre debes estar seguro que puedes salir del nivel más bajo de angustia que alguien pueda estar viviendo. Se puede empezar por confesarlo para que el ataque salga a la luz. No obstante, debes saber que aún el hombre considerado más fuerte puede caer en ese ataque del enemigo, porque en la Biblia podemos ver que David, siendo un guerrero y un estratega llegó en un momento en que él mismo dice lo siguiente:

2 Samuel 3:39 [LBLA] *Hoy soy débil, aunque ungido rey; y estos hombres, hijos de Sarvia, son más duros que yo. Que el SEÑOR pague al malhechor conforme a su maldad.*

Por eso es que hoy día, uno de los ataques más fuertes en la humanidad entera y más específicamente sobre el pueblo de Dios, es la astenia lo cual es un espíritu que desgasta la fuerza mental, fuerza almática, fuerza espiritual y fuerza física.

Una persona bajo este ataque empieza a perder las fuerzas para orar, para interceder y para batallar por su familia. Ciertamente en algún momento de la vida puedes verte afectado por angustias; el problema es que, si el enemigo logra atacar frontalmente a un sacerdote del pueblo de Dios, llevándolo a estados de debilidad, ese sacerdote puede contagiar a su familia entera si ellos no logran detectar ese problema. Vemos un ejemplo en la vida de José, en el momento cuando sus hermanos llegan a Egipto para comprar comida, porque debes recordar que en la tierra han sucedido períodos cíclicos en los que en la antigüedad, así como hoy, se manifiestan diferentes épocas y en aquel entonces había llegado el hambre a toda la tierra y los hermanos de José, los mismos que lo habían vendido como esclavo, ahora estaban pidiendo que se les vendiera comida. Cuando José los ve los reconoce, pero ellos a él no. En ese momento José se recuerda de lo que le habían hecho, lo cual provocó que su alma se derramara, pero no lo hizo en frente de ellos para que no vieran su angustia o debilidad:

Génesis 43:29-31 LBLA *Al alzar él sus ojos y ver a su hermano Benjamín, hijo de su madre, dijo: ¿Es éste vuestro hermano menor de quien me hablasteis? Y dijo: Dios te imparta su favor, hijo mío. Y José se apresuró a salir, pues se sintió profundamente conmovido a causa de su hermano y buscó donde llorar; y entró en su aposento y lloró allí. Después se lavó la cara y salió, y controlándose, dijo: Servid la comida.*

Si eres llamado por Dios para servirle y ocupas responsablemente la posición sacerdotal que te ha sido asignada y tienes la responsabilidad de tu familia; es necesario que aprendas lo que Dios tiene hoy para tu vida y que cuando llegue el momento en el que debes de pelear, lo hagas en el nombre poderoso de Jesús. Dios te ha dado armas espirituales en contra de las potestades de maldad, de tal manera que cuando sientas el ataque del diablo, debes decir: diga el débil: Fuerte soy, por eso es necesario que tu puedas discernir adecuadamente el momento cuando estés siendo debilitado, para poder contrarrestar los ataques del enemigo.

Otro punto muy importante, que no se puede dejar de mencionar es que, una de las formas en las que vas a ser fortalecido es cuando le sirves a Dios, principalmente cuando tu privilegio es en el altar de Dios porque puedes estar constantemente alimentando tu vida y cuando tienes el privilegio de predicar, llega el momento en el que experimentarás una retroalimentación por parte de aquellos a los que les predicas. Esta experiencia no es solamente para los siervos que tienes el privilegio en el altar de Dios, sino en todo momento en que le sirves a Él, porque es necesario que el que le sirve a Dios, sea instruido por Su palabra y sepa que el servicio en la obra de Dios, tiene su justa paga en todos los ámbitos porque El sabe de qué tienes necesidad, lo más importante y donde más deleite tiene su justa recompensa, es en el ámbito espiritual cuando el Espíritu Santo te confirma que has logrado vencer las barreras de la incredulidad, el pueblo de Dios se regocija y como consecuencia, los ataques de las tinieblas no pueden penetrar tus murallas, porque estas constantemente avanzando en la Palabra de Dios y eso hace que se destruyan todos los esquemas de las tinieblas.

Satanás es padre de toda mentira, por consiguiente lo que busca es convencerte que no puedes alcanzar aquello por lo cual fuistes alcanzado; lo hace a través de la ministración de la debilidad. Esa debilidad lo que hace es destruir todas las células sanas; células fuertes y células felices; pero existe un sólo camino por el que puedes salir victorioso, esta es la

Palabra de Verdad de tu Señor Jesucristo en quien eres fortalecido.

2. - ATAQUES SORPRESIVOS

Una vez que el creyente es debilitado y deja de orar, de buscar a Dios y se aparta del pueblo en donde se congrega y sirve; es cuando sorpresivamente llega un ataque, como le sucedió a uno de los hombres que la Biblia menciona como un gran guerrero, pero no pudo discernir el debilitamiento y de pronto el enemigo lo atacó:

2 Samuel 11:1-2 [LBLA] Aconteció que en la primavera, en el tiempo ***cuando*** *los reyes salen a la batalla, David envió a Joab y con él a sus siervos y a todo Israel, y destruyeron a los hijos de Amón y sitiaron a Rabá.* ***Pero*** *David permaneció en Jerusalén. Y al atardecer David se levantó de su lecho y se paseaba por el terrado de la casa del rey, y desde el terrado vio a una mujer que se estaba bañando; y la mujer era de aspecto muy hermoso.*

2 Samuel 11:14-15 [LBLA] Y aconteció a la mañana siguiente que David escribió una carta a Joab, y la envió por mano de Urías. En la carta había escrito: Poned a Urías al frente de la batalla más reñida y retiraos de él, para que sea herido y muera.

2 Samuel 12:1-11 [LBLA] *Entonces el SEÑOR envió a Natán a David. Y vino a él y le dijo: Había dos hombres en una ciudad, el uno rico, y el otro pobre. El rico tenía muchas ovejas y vacas. Pero el pobre no tenía más que una corderita que él había comprado y criado, la cual había crecido junto con él y con sus hijos. Comía de su pan, bebía de su copa y dormía en su seno, y era como una hija para él. Vino un viajero al hombre rico y éste no quiso tomar de sus ovejas ni de sus vacas para preparar comida para el caminante que había venido a él, sino que tomó la corderita de aquel hombre pobre y la preparó para el hombre que había venido a él. Y se encendió la ira de David en gran manera contra aquel hombre, y dijo a Natán: Vive el SEÑOR, que ciertamente el hombre que hizo esto merece morir; y debe pagar cuatro veces por la cordera, porque hizo esto y no tuvo compasión. Entonces Natán dijo a David: Tú eres aquel hombre. Así dice el SEÑOR, Dios de Israel: "Yo te ungí rey sobre Israel y te libré de la mano de Saúl. "Yo también entregué a tu cuidado la casa de tu señor y las mujeres de tu señor, y te di la casa de Israel y de Judá; y si eso hubiera sido poco, te hubiera añadido muchas cosas como éstas. "¿Por qué has despreciado la palabra del SEÑOR haciendo lo malo a sus ojos? Has matado a espada a Urías hitita, y has tomado a su mujer para que sea mujer tuya, y lo has matado con la espada de los hijos de Amón. "Ahora pues, la espada nunca se apartará de tu casa, porque me has despreciado y has tomado la mujer de Urías hitita para que sea tu mujer." Así dice el SEÑOR: "He aquí, de tu misma casa levantaré el mal contra ti; y aun tomaré tus mujeres delante de tus ojos y las daré a tu compañero, y éste se acostará con tus mujeres a plena luz del día.*

David había sido debilitado, no fue a la guerra en el tiempo en el que debía salir a la batalla y el ataque sorpresivo fue basado en la inclinación de un área de su corazón que aún no había rendido delante de Dios; él tenía problemas de tipo sexual heredados en su genética y cuando ve lo que el Profeta Natán le relata en parábola, de lo que David había hecho; él mismo emite su juicio y David queda sorprendido cuando el Profeta le dice que el principal protagonista era él. Eso mismo lo hizo despertar de su debilidad, aunque muy tarde, porque el ataque sorpresivo había penetrado hasta su mismo lecho.

Hoy, el pueblo de Dios debe cuidarse de no caer en las trampas del enemigo porque una vez que Satanás logra debilitarlo, el siguiente paso es un ataque sorpresivo en las áreas que quizás aún no sean entregado a Dios. Por eso es necesario que utilices el antídoto divino del Señor en contra de la debilidad y los ataques sorpresivos para poderlos vencer:

1 Timoteo 4:13-16 [LBLA] *Entretanto que llego,* ***ocúpate*** *en la lectura de las Escrituras, la exhortación y la enseñanza.* ***No descuides*** *el don espiritual que está en ti, que te fue conferido por medio de la profecía con la imposición de manos del presbiterio.* ***Reflexiona*** *sobre estas cosas;* ***dedícate*** *a ellas, para que tu aprovechamiento sea evidente a todos.* ***Ten cuidado de ti mismo*** *y de la* ***enseñanza****;* ***persevera*** *en estas cosas, porque haciéndolo asegurarás la salvación tanto para ti mismo como para los que te escuchan.*

1. Ocúpate (eso significa que no le des lugar al diablo para que llene tu mente con cosas vanas).
2. No descuides el don espiritual (dependiendo del don que Dios haya depositado en ti, eso será lo que de parte de Dios se moverá en tu vida).
3. Reflexiona (debes hacer un inventario sobre tu vida para discernir lo que pueda estar moviendo sea en tu alma o mente).
4. Dedícate (esto significa que debes invertir tus energías en las cosas divinas, en la obra de Dios; con eso estarás activando un efecto multiplicador de tu vitalidad para seguir sirviendo a Dios).
5. Que tu aprovechamiento sea evidente a todos (que todos puedan aprovechar el trabajo en la

obra de Dios que puedas llegar a hacer).

6. Ten cuidado de ti mismo (esto te habla de tu forma de caminar para que en todo momento lo hagas en santidad).
7. La enseñanza (debes cuidar tu dieta espiritual para no ser fácilmente movido en tu forma de pensar).
8. Persevera (guardar siempre en tu corazón toda enseñanza que viene de parte de Dios y siempre disponte para ponerla en práctica, que será de bendición no sólo para ti sino también para los que te escuchen al momento de enseñarles).

Todo lo anterior te ayudará a no caer fácilmente en las trampas del enemigo y que puedas siempre ser un vencedor en el nombre de Jesús y que no seas sorprendido por ningún ataque de Satanás.

Continuando con la temática de este capitulo; debes comprender que si Dios te revela misterios del mundo espiritual (la cual se hace cada vez más evidente) es para que aprendas y conozcas cuales son los ataques u orígenes que vienen a repercutir en tu vida natural, razón por la cual Dios te muestra la existencia de un libro como éste, en el cual puedas encontrar las estrategias que Satanás utiliza cuando intenta lanzar un ataque a tu vida y como consecuencia afectar tu desarrollo en todos los ámbitos de tu vida espiritual. De tal manera que, las tinieblas han utilizado lo que se puede nombrar como espionaje espiritual, lo cual desarrolla para que sus estrategias puedan alcanzar sus objetivos; sin embargo, Dios también tiene estrategias con las más excelentes destrezas militares, si las pudieras llamar de esa forma, por cuanto Él es Jehová de los ejércitos.

Lo que Dios ha hecho entonces, es que introduce personajes detrás de las líneas enemigas, con el objetivo de recopilar las estrategias de las tinieblas y es cuando Dios te revela los planes de Satanás, para que puedas tomar ventaja de sus artimañas y de esa manera no ser fácilmente sorprendido en los ataques que él lanza a tu vida de forma frontal. De alguna manera, es necesario destacar que conocer los movimientos que realiza el reino de las tinieblas es como, recibir una sabiduría pero, dependiendo de la forma en la que la apliques, de esa forma podrás recibir el beneficio adecuado de parte de Dios, porque si la recibes como precaución para no ser participantes de las inmundicias de las tinieblas, saldrás limpio de la batalla, pero si la utilizas en contra del pueblo de Dios porque el diablo haya logrado engañarte, entonces estarás perdiendo lo mejor, por lo peor.

Santiago 3:13-18 [LBLA] *¿Quién es sabio y entendido*

entre vosotros? Que muestre por su buena conducta sus obras en mansedumbre de sabiduría. Pero si tenéis celos amargos y ambición personal en vuestro corazón, no seáis arrogantes y así mintáis contra la verdad. Esta sabiduría no es la que viene de lo alto, sino que es terrenal, natural, diabólica. Porque donde hay celos y ambición personal, allí hay confusión y toda cosa mala. Pero la sabiduría de lo alto es primeramente pura, después pacífica, amable, condescendiente, llena de misericordia y de buenos frutos, sin vacilación, sin hipocresía. Y la semilla cuyo fruto es la justicia se siembra en paz por aquellos que hacen la paz.

En estos textos se puede observar que hay una separación muy clara entre la sabiduría terrenal, natural y diabólica, contra la sabiduría que viene de lo alto, la cual primeramente es pura, pacifica, amable y condescendiente. El problema comienza a manifestarse cuando alguien busca la sabiduría diabólica, con el propósito de poder manejar a otras personas a través de hechizos que el ocultismo enseña a los que están detrás de los secretos de Satanás.

Sin embargo, no se puede negar que Dios revela a sus guerreros la sabiduría del inframundo, pero no para que se conviertan en seguidores de las tinieblas sino para conocer las artimañas del enemigo;

dicho en otras palabras al que Dios levanta como guerrero de luz, le muestra los secretos de las tinieblas para convertirlo en espía del reino de Dios en contra del reino de las tinieblas, para revelar al pueblo de Dios que sí se puede batallar y salir triunfador en el nombre de Jesús. Esto mismo está descrito en la Biblia cuando Moisés envió a los doce espías para que fueran a reconocer la tierra y diez de ellos regresan desanimados al ver que en aquella tierra había muchas bendiciones, pero ellos se sintieron poca cosa como para tomar la tierra al ver los gigantes.

En el tiempo de Gedeón, Dios permitió también que algunos siervos pudieran penetrar las filas enemigas y escuchar lo que en secreto ellos planificaban; eso mismo es lo que hoy está sucediendo, Dios está abriendo los oídos espirituales y el entendimiento para que mucha gente comprenda de los esquemas de las tinieblas y que, como consecuencia se levanten en el nombre de Jesús para advertir a otros y que de esa forma se pueda levantar un poderoso ejército de Dios, equipados con armas de luz para la destrucción de fortalezas de las tinieblas y que no sean debilitados, sino que puedan reprender lo que se debe de reprender y renunciar a todo aquello que quizás se ha traído por muchos años, y que nunca se ha podido entender por la razón y consecuencia del estilo

cíclico de vida que se ha podido estar viviendo.
2 Corintios 2:11 LBLA *...para que Satanás no tome ventaja sobre nosotros, pues no ignoramos sus ardides.*

Por eso, es que ahora se puede decir claramente que no ignoramos los ardides de Satanás y como consecuencia él no tomará ventaja sobre ti porque la ventaja que el diablo puede haber tenido hasta estos momento en tu vida era debido a la ignorancia, pero una vez que alcanzas el conocimiento necesario, te conviertes en un ungido guerrero de parte de Dios para batallar en contra de Satanás.

3. - SUMINISTROS DESTRUIDOS O BAJO ATAQUE

Esto lo que significa es lo siguiente, por ejemplo: en un ejército siempre existe un pelotón que acompaña el avance de los demás y son los encargados de llevar todo lo que se necesita para la guerra; hacerla prolongada por el tiempo que sea necesario hasta lograr una victoria.

Apocalipsis 3:2 LBLA *'Ponte en vela y afirma las cosas que quedan, que estaban a punto de morir, porque no he hallado completas tus obras delante de mi Dios.*

Lo que Dios desea en esta faceta, es que tengas la actitud de estar velando y hacer una especie de inventario en tu vida para fortalecer aquello que quizás se esté debilitando por la misma batalla que tienes que librar diariamente. Por eso es que los suministros espirituales y materiales deben ser fortalecidos pero también es un punto en el que Satanás busca la forma de atacar los suministros, por eso es que podrás leer en la Biblia que en la época que para Israel era el tiempo de cosecha, cuando ellos menos se lo esperaban, estaban bajo ataque, por ejemplo: en el tiempo de Gedeón, cuando llegaba el tiempo de la cosecha, llegaban los enemigos y les robaban su cosecha, entonces no tenían qué comer, sino que tampoco qué ofrendarle a Dios. En lo espiritual sucede lo mismo, se utiliza la misma estrategia para desgastar los suministros cuando existe una batalla.

Por eso vemos en la Biblia la historia del rey Acab y su reina Jezabel enfrentándose al Profeta de Dios llamado Elías:

1 Reyes 17:1 LBLA Entonces Elías tisbita, que era de los moradores de Galaad, dijo a Acab: Vive el SEÑOR, Dios de Israel, delante de quien estoy, que ciertamente no habrá rocío ni lluvia en estos años, sino por la palabra de mi boca.

En este momento Dios envía al Profeta Elías para que cierre los cielos, para que la tierra no fructificara y que Jezabel no tuviera todo lo que necesitaba tener en su mesa para alimentar a los falsos profetas, porque los profetas de Jezabel eran como los motivadores de desobediencia en aquel pueblo para que siguieran creyendo en los hechizos de Jezabel, que toda Samaria desobedeciera a Dios y se mantuvieran en apostasía; pero con la acción del Profeta, el alimento escaseaba y los profetas falsos empezaron a debilitarse porque es precisamente la estrategia de suministros destruidos y suministros bajo ataque la que es puesta en práctica en contra de las tinieblas.

Fe, oración, congregarte, diezmar y servirle a Dios son parte de los suministros que el enemigo ataca para que no obtengas tu recompensa, por ejemplo: si es menguada la fe, el cristiano puede empezar a pecar porque duda de lo que Dios le ha hablado; peor aún, si el cristiano no comete un pecado directo como tal, pero si tan sólo no le cree a Dios; con eso es suficiente para desagradar el corazón de Dios.

Hebreos 11:6 LBLA *Y sin fe es imposible agradar a Dios; porque es necesario que el que se acerca a Dios crea que El existe, y que es remunerador de los que le buscan.*

Uno de los mayores privilegios que puedes tener, es agradar a Dios, alcanzar el contentamiento de Su corazón, el cual se puede interpretar como el beneplácito de Dios y que es más profundo que la voluntad de Dios; la cual Él la manifiesta a su pueblo para que le agraden. Agradar la voluntad de Dios es sinónimo de conocer qué es lo que Él desea y que accionemos en pos de lo que sabemos es de Su agradado, por ejemplo: cuando Jesús se bautizó en el río Jordán, el corazón del Padre fue agradado al punto que se escuchó su voz diciendo que Jesús es su Hijo amado en el cual El tiene complacencia o se deleita; sin embargo, en ningún versículo de la Biblia veras que Jesús tuviera que bautizarse, pero Él lo hizo porque conocía el corazón del Padre y lo que Jesús buscaba era complacerlo en Su beneplácito que es lo más profundo del gozo de Dios; asimismo éste es el tipo de fe que tenemos que desarrollar hacia Dios, razón por la cual nunca debes de permitir que tu fe en Dios se vea debilitada.

Romanos 10:17 LBLA *Así que la fe viene del oír, y el oír, por la palabra de Cristo.*

Por eso es que, si de pronto no estas perseverando en buscar la forma de escuchar la voz de Dios todo el tiempo, eso es como sinónimo de que tu fe está siendo debilitada, ese suministro está bajo ataque directo por parte de las tinieblas; incluso puedes decir que si a alguien de pronto le causa mucho sueño escuchar la predicación de la palabra de Dios cada vez que llega a la Iglesia, eso se puede considerar como una señal de estar bajo ataque de las tinieblas; aunque debes comprender que esa persona puede llegar a la Iglesia después de haber trabajado arduamente y eso le provoque que un día se quede dormido; pero de eso, a que todos los días de culto se quede dormido; existe mucha diferencia y definitivamente existe un suministro bajo ataque; Satanás sabe que aquella persona en algún momento puede escuchar una palabra que se vuelva rhema en su corazón y con eso pueda destruir cualquier cosa que el enemigo quiera levantar en su contra. Conforme vaya alimentando su vida con la palabra de Dios, llega el momento en que alcance el *HOMOLOGEO DE DIOS*, lo cual es la forma en la que Dios habla y Su palabra destruye todo ataque del enemigo; si aquella persona alcanza el *HOMOLOGEO DE DIOS*, entonces hablará como lo hace Dios; de tal manera también puede desbaratar las artimañas del enemigo.

Sin la fe, ¿qué poder puede tener la oración? y si interrumpen la oración, están automáticamente interrumpiendo la comunicación con Dios, y al interrumpir la comunicación con Dios los ataques del enemigo pueden entrar de una forma más directa. Si no se tiene fe, puede afectar incluso el hecho de congregarse, eso significa también que interrumpen las reuniones previas a la reunión secreta con nuestro Señor Jesucristo en Su parusía. Otra área que se ve fuertemente afectada cuando la fe es debilitada, es el hecho de diezmar porque si se diezma, se pueden abrir las ventanas de los cielos y puedan ser derramadas toda clase de bendición sobre las vidas de todo fiel cristiano, hasta que sobreabunde y que sea reprendido el devorador, pero si la fe mengua y se deja de diezmar, entonces puede llegar el devorador y destruir la economía y cuando sea tiempo de cosecha, se comerá todo y no habrá los suministros necesarios para ofrendar a Dios.

Otro punto que se puede manifestar cuando está siendo atacado el suministro es, cuando se deja de servir a Dios; al igual que los otros puntos, esto viene por la fe, por ella creemos que Jesús nos dejó el más grande ejemplo de servicio y lo mínimo que tu y yo podemos hacer para corresponder en algo por todo lo que Él hizo por nosotros, es sirviendo en Su obra. Si le servimos a Dios con todo nuestro corazón, de alguna manera alcanzaremos el beneficio que Dios tiene preparado para cada uno de Sus siervos, para esto se necesita fe de otra forma no solamente dejaremos de alcanzar el beneficio del servicio a Él, sino que al no recibirlo, eso puede producir amargura, pero si le crees a Dios, puedes recibir multitud de bendiciones aún sin que estés esperando recibir algo, sea espiritual o material, siempre Dios lo hará porque sólo Él es justo.

4. - SABOTAJE A LA FUENTE DE PODER

Es necesario que tengas claro en todo momento que la fuente de poder es Dios; sin Su presencia no serias capaz de alcanzar hacer algo, por ejemplo:

Éxodo 33:15 LBLA *Entonces le dijo Moisés: Si tu presencia no va con nosotros, no nos hagas partir de aquí.*

Moisés estaba seguro que sin la presencia de Dios, nunca alcanzaría nada. La palabra *PRESENCIA*, es una palabra compuesta por 2 términos: *PRE* y *SENCIA*. El término o prefijo *PRE* significa: *POR ADELANTADO*, y el término *SENCIA* significa SENTIDOS; lo que esto enseña es que cuando Dios manifiesta a nuestra vida Su presencia, está anticipándonos Sus sentidos para que podamos percibir, discernir, detectar que Dios está en aquel lugar donde nosotros estemos; entonces si el Señor está con nosotros, ¿quién contra nosotros?, por eso es que cuando el diablo huye de un lugar es porque ha visto la presencia de Dios sobre la vida de todos aquellos que le invocan de verdad. Por eso no permitas que te destruyan la fuente de poder porque ante la presencia del Señor Jesucristo, todos los demonios huyen.

5. - ENFURECER A LOS ENEMIGOS

Es otra estrategia que no conviene que sea activada; por eso es que necesitas bendecir a tus enemigos físicos para cambiarles sus pensamientos y la atmósfera que los envuelve. Sin embargo, cuando llegas delante de la presencia de Dios para exponerle alguna injusticia por parte de los enemigos; Él te responde que si bien es cierto que pudo ser una injusticia, también es cierto que gracias a los tratos de tus enemigos hacia ti, puedes doblar rodillas y derramar tu alma ante la presencia de Dios para pedirle auxilio, lo cual te va desarrollando en tu vida espiritual, ésto hace que estés más tiempo en el altar y como consecuencia puedes tener momentos de gozo en la presencia de Dios.

Para experimentar todo eso es necesario que perdones a tus enemigos, es necesario que perdonemos a los que en algún momento te han hecho daño, a los que han estado hablando negativamente de tu persona, porque en ese momento, la bendición derramada sobre ti hará que ellos dejen de maquinar la forma de hacerte daño.

Razón por la cual es necesario que ores por tus enemigos para que les sea cambiada su atmósfera y como consecuencia dejarán de buscar motivos de daño para tu vida. Si en algún momento te encuentras con alguien que has considerado tu enemigo y obligadamente lo tienes que enfrentar; debes cuidar de no hablarle con soberbia o con prepotencia y presumiendo de las bendiciones que Dios te ha regalado, sino que debes ser humilde en todo momento y como consecuencia ellos buscarán otros enemigos porque contigo dejaron de alcanzar sus propósitos.

6. - ACERCAMIENTO A LOS ENEMIGOS

Esta es otra estrategia de guerra en donde lo que el diablo hace es que los enemigos traten de acercarse a ti como amigos, pero en el momento menos pensado, te traicionan. El propósito es que bajes tus defensas y entonces buscarán la forma de destruirte, por eso es que no debes confiar de las cosas que en el ayer te quisieron tener sojuzgados, seguirán siendo enemigos, buscarán la forma de engañarte para poder acercarse lo suficiente y lanzarte un ataque, sea un vicio o pecado, sea cual sea; hasta las cosas más inofensivas que se constituyeron en tus enemigos en el pasado, ya sea una persona, un espíritu o un vicio, se acercarán para destruirte, por eso debes mantenerlos alejados de tu vida y aprender a utilizar la autoridad en el nombre de Jesús para que dejen de funcionar con todo el mal que han hecho.

Otra cosa que nunca debes olvidar, es que existen enemigos que son irreconciliables contigo; una vez logras romper con aquel vínculo que te tuvo esclavizado, debes rechazarlo porque en su momento te hundieron en vergüenza quizás o te hundieron en cualquier otra cosa y si lo hicieron una vez, lo pueden seguir haciendo.

7. – BATALLAS EQUIVOCADAS

Esta es otra estrategia que conlleva a pensar que por estar ocupado, estas haciendo la buena batalla en contra del enemigo.

Efesios 6:12 LBLA Porque nuestra lucha no es contra sangre y carne, sino contra principados, contra potestades, contra los poderes de este mundo de tinieblas, contra las huestes espirituales de maldad en las regiones celestiales.

Satanás buscará la forma en que tu estés gastando tu tiempo y energía, peleando con la persona equivocada y en el lugar equivocado. A veces resulta que estas librando batallas sin que haya ningún objetivo; peor aún, estas batallando en contra de personas que han sido de bendición a tu vida, lo cual es el resultado de una influencia satánica, por eso debes saber que tu lucha no es contra carne ni sangre sino contra seres espirituales. Otro problema es, que a veces haces cosas que tu decides hacer sin consultarle a Dios, lo cual trae repercusiones negativas y tengas batallas por parte de espíritus de las tinieblas los cuales te ponen en riesgo de perder esas batallas, porque no estás preparado para enfrentarlos; pero cuando estás bajo la guía del Espíritu Santo en todo lo que haces, alcanzarás la victoria en el nombre de Jesús.

8. - DIVISIÓN

Es necesario considerar que Satanás está dispuesto a destruir utilizando todos los medios y estrategias a su alcance; se cuida de cosas negativas, pero las utiliza para atacar, por ejemplo: Satanás no tolera que haya divisiones dentro de su reino de tinieblas, sin embargo, utiliza esa estrategia para que nosotros seamos confundidos al momento de dividirnos y sentirnos aislados para que desfallezcamos porque, una vez que estamos divididos de algún grupo, sea éste cualquiera que sea; también lo enfoca en nuestra familia, con el propósito que no permanezcamos juntos, porque de alguna manera podemos decir que si estamos juntos, estamos haciendo vida el versículo que dice: "es mejor dos que uno, porque si uno cae él otro lo levanta"; pero si estamos divididos, podríamos caer y una vez caídos, el diablo puede destruir por completo, pero si logras estar alerta a las estrategias de las tinieblas, cuando veas un ataque que te puede llevar a divisiones, es importante pedirle a Dios en oración que te fortalezca y que te instruya adecuadamente para destruir las atmósferas de las divisiones que estén pretendiendo hacer lugar en tu vida.

¿QUÉ ES LA ATMÓSFERA DE DIVISIÓN?

1- Es un principio Babilónico, diabólico.
2- Es una atmósfera que afecta la *UNIDAD* en casa e iglesia.
3- Es la manifestación por creerse autosuficiente.
4- Es la repetición de la iniquidad del portador de luz llamado en hebreo: "Heylel o Lucifer" (*Isaías 14:12*).

La división tiene propiedades internas que se mantienen intercaladas, dentro de las cuales podemos decir que está el hecho que las personas que promueven la división están sujetas a ser divididas.

El que divide una congregación recibe división en su propia casa porque siendo cabeza, puede ser herido.

Debes estar muy atento a escuchar la voz de Dios, para no caer en los juegos sucios del diablo y que de pronto caigas en división de iglesias, porque eso mismo estará activando la división en tu propia casa.

No debes caer en el error de estar apoyando divisiones, para no cargar con el mismo espíritu de división, como consecuencia de ser un divisionista.

Los divisionistas son "*mutiladores del cuerpo*", bajo influencias demoniacas.

Babilonia es el espíritu de división y su sentencia es que, debe sufrir doble las cosas que hizo.

La palabra Babilonia en primer lugar significa: "*confusión por mixtura*", pero la raíz de donde surge es una palabra que significa: "*labio partido o división.*"

Apocalipsis 18:6 LBA Pagadle tal como ella ha paga-

do, y devolvedle doble según sus obras; en la copa que ella ha preparado, preparad el doble para ella.

Cuando alguien es poseído por un espíritu de división, es porque primero le llegó la altivez de espíritu.

La motivación de la división es la "autosuficiencia" que está en aquella persona.

Proverbios 16:18 [RV1960] *Antes del quebrantamiento es la soberbia, Y antes de la caída la altivez de espíritu.*

¿CÓMO VENCER LA ATMOSFERA DE DIVISIÓN?

Procurando la unidad que agrada el corazón de Dios.

Éxodo 12:3 [LBA] *Hablad a toda la congregación de Israel, diciendo: "El día diez de este mes cada uno tomará para sí un cordero, según sus casas paternas; un cordero para cada casa.*

Debes procurar la unidad para alcanzar sus beneficios los cuales son:

1- La casa con la atmósfera de la unidad (*Salmo 133*).

2- La casa con la atmósfera de liberación (*Éxodo 12*).
3- La casa con la atmósfera de sanidad (*Salmo 105:37*).
4- La casa con la atmósfera del Éxodo.

Necesitas tener sumo cuidado con la atmósfera de la división porque si no logras eliminarla de tu entorno o de tu ser interior, el siguiente paso es la desolación. Por eso debes esforzarte en ser cambiador de atmósferas y pelear contra la división porque es diabólica y Babilónica.

9. - APORTILLAR VALLADOS

AGUJEROS DEL ALMA

Esto es precisamente lo que deja las experiencias que no son muy deseadas en la vida, aunque en su momento las hayas tenido por un placer, pero luego dejaron una herida. Por lo regular vienen desde los primeros años de una persona o en su desarrollo, hasta que llegó el momento en que tuvo la suficiente conciencia para tomar sus propias decisiones, para ese entonces el alma está lo suficientemente herida y es precisamente por esas heridas por donde el mal intenta ingresar para dominar una herida.

Es necesario que consideres algunos puntos que no debes pasar por desapercibidos, por ejemplo:

FORMAS MÁS COMUNES DE DERRIBAR VALLADOS

- El uso de palabra crueles.
- Abuso sexual.
- Abuso físico e ira.
- Abuso emocional y psicológico.
- Abandono.
- Ritos o abusos Satánicos.

La continuación: Los agujeros continúan incrementándose en volumen, cuando se es negligente en la sanidad que en determinado momento se ha recibido de la mano de Dios y la persona recae en aquello de lo que Dios lo ha alejado; de igual forma cuando es apático a la restauración.

Eclesiastés 10:8 DHH El que hace el hoyo, en él se cae. Al que rompe el muro, la serpiente lo muerde.

Otro punto que no puedes pasar por alto es que la herida que se abre en el alma es como una senda para que los espíritus inmundos regresen ya que dejaron un camino y saben que pueden volver si tú no la sanas y te llenas con la presencia de Dios; só-

lo de esa manera puede alcanzarse un vallado de protección brindado por el Espíritu Santo, es la misma manera en que el cuerpo genera un sistema inmunológico. De esa misma forma, el alma también alcanza lo que se llama vallados o murallas.
El alma también la alcanza, llamado vallado o murallas. Obviamente que el ataque involucra el alma, por eso vemos en la Biblia lo siguiente:

Proverbios 25:28 [LBA] *Como ciudad invadida y sin murallas es el hombre que no domina su espíritu.*

EJEMPLOS DE LO QUE PUEDE SER UN ALMA CON VALLADO APORTILLADO

JERUSALÉN Y JERICÓ

Perdieron sus riquezas, sus valores, su patrimonio, su cultura y su libertad, como sucede con la vida de muchas personas.

A partir de este momento la persona cambia su vida y su forma de pensar, cayendo en una cárcel cada vez más grande, ésto da lugar a dos cosas:

1- Desarrolla un sistema de defensa. Su indignación conduce a desarrollar un estilo de vida equivocada y defensiva a todo. Casi siempre el sistema es de rebelión.

2- Busca asociarse impíamente. Se asocia con gente que se identifica con los mismos problemas. Caen en prácticas inmorales, incorrectas y/o impías. Eso produce que se abra más y más el agujero.

Otro punto que debes considerar es que si alguien necesita liberación del alma, ¿de qué necesita ser liberado?

- Invasiones que se dieron en la infancia.
- Liberación de los decretos de muerte (*Éxodo 1:16-22*).
- Liberación de la fracturas en su personalidad, lo cual produce múltiples personalidades (esquizofrenia).

LA RESIDENCIA DE LOS TRAUMAS

Existen tres áreas donde se encuentra el trauma alojado.

¿QUÉ ES EL TRAUMA?

Es un evento negativo que quedó atrapado en el tiempo y espacio de una persona. Asimismo aunado a esto debes considerar que todo trauma tiene una maniobra que ataca y se aloja en donde hay memoria.

<u>La memoria intelectual</u>: Es donde hay un conjunto de información almacenada mediante la experiencia, recogida por los cinco sentidos del cuerpo y es transformada en forma de fotografía para ser almacenada en el cerebro. Por eso es que a veces escuchas determinado evento y pronto surge la imagen en tu mente, sea positiva o negativa, pecaminosa o no.

<u>La memoria del cuerpo</u>: A esto se le puede llamar, "La ley de los miembros" (Romanos 7:23), como también lo señala la Biblia versión Róterdam, "Códigos en los miembros." El punto es que, no habría una ley en los miembros si no estuviera vinculada a la memoria del cuerpo, la cual es capaz de recordar detalles minuciosos de determinada actividad, esto es tanto en momentos de pecado como en traumas, incluso la memoria cuenta con un sistema de olores que con el simple hecho de percibir ciertos olores, la memoria es activada para determinado tiempo de la vida, por ejemplo: una violación, mal trato infantil o abuso.

Romanos 7:23 [LBA] ...pero veo otra ley en los miembros de mi cuerpo que hace guerra contra la ley de mi mente, y me hace prisionero de la ley del pecado que está en mis miembros.

También puedo citar el ejemplo de la memoria por lo que se ha vivido en el pasado con la siguiente cita bíblica:

Proverbios 30:18-19 LBA Hay tres cosas que son incomprensibles para mí, y una cuarta que no entiendo: El rastro del águila en el aire; El rastro de la culebra sobre la peña; El rastro de la nave en medio del mar; Y el rastro del hombre en la doncella.

La memoria emocional: Esta es otra forma de almacenamiento, lo asombroso de esto es que el 95% de la liberación de un trauma se encuentra almacenada en la memoria emocional, por eso es importante verificar qué es lo que te dicen las emociones y con qué las relacionas, por ejemplo: un rechazo, la soledad, la tristeza, el miedo y el resentimiento.

Isaías 61:1 LBLA El Espíritu del Señor DIOS está sobre mí, porque me ha ungido el SEÑOR para traer buenas nuevas a los afligidos; me ha enviado para vendar a los quebrantados de corazón, para proclamar libertad a los cautivos y liberación a los prisioneros...

Interesante es leer que sólo tres veces en toda la Biblia se menciona la sanidad del corazón, y lo hace solamente nuestro Señor Jesucristo.

LOS TRES GRUPOS DE ESPÍRITUS

Los 3 grupos de espíritus más comunes que operan en primer plano en una persona afectada desde la infancia son los siguientes:

1- Espíritus de tormento.
2- Espíritus inmundos.
3- Espíritus malos.

Satanás utiliza esta estrategia de ataque, precisamente por lo descrito en la Biblia (cordel de tres dobleces no se rompe pronto *Eclesiastés. 4:12*). Vemos en el libro de Job, que él sufrió un ataque de tres dobleces.

Espíritus de Tormento: Estos espíritus trataran de obstaculizar, estorbar, afectar la vida de las personas que en algún momento le hayan abierto puertas o que por alguna razón hayan quedado afectados por situaciones de tipo ancestral. Estos tipos de espíritus operan de la siguiente manera:

2 Corintios 12:7 Y dada la extraordinaria grandeza de las revelaciones, por esta razón, para impedir que me enalteciera, me fue dada una espina en la carne, un mensajero de Satanás que me abofetee, para que no me enaltezca.

Los espíritus de tormento se enfocan básicamente en lo siguiente y puede relacionarse con lo que se describe en *2 Timoteo 1:7, Hechos 10:38* e *Isaías 60:1*

1- Temor.
2- Miedo.
3- Enfermedades espirituales.
4- Opresión y depresión.

Espíritus Inmundos: Estos espíritus operan a través de ataduras y adicciones, sus propósitos es hacer inmunda a la persona.

Marcos 5:1-3 Y llegaron al otro lado del mar, a la tierra de los gadarenos. Y cuando El salió de la barca, enseguida vino a su encuentro, de entre los sepulcros, un hombre con un espíritu inmundo que tenía su morada entre los sepulcros; y nadie podía ya atarlo ni aun con cadenas...

¿QUÉ ES LO QUE SUCEDE CON EL ATAQUE DE LOS ESPÍRITUS INMUNDOS?

1- Distorsiona el estilo de vida.
2- Lleva a la drogadicción.
3- Lleva a la prostitución.
4- Ata a la pornografía.
5- Homosexualismo.

6- Alcoholismo.
7- Lascivia.
8- Problemas sexuales de toda índole.

Otros pasajes que confirman estas condiciones operantes son los siguientes: *Marcos 1:23, 3:11, 5:2-8, 7:25; Hechos 5:16, 8:7.*

Espíritus Malos: Este grupo de espíritus son los encargados de causar dolor, trayendo sufrimientos al alma, hacer llorar en desesperación, clamor de angustia.

1 Samuel 18:10 Y aconteció al día siguiente que un espíritu malo de parte de Dios se apoderó de Saúl, y éste deliraba en medio de la casa, mientras David tocaba el arpa con su mano como de costumbre. Saúl tenía la lanza en la mano.

Lo que se puede observar con este grupo de espíritus es que se enfocan en lo siguiente:

1- Maldad.
2- Maligno.
3- Celos.
4- Muerte.

Algunos pasajes que pueden respaldar estas condiciones y manifestaciones son los siguientes: *1*

1 Samuel 16:14-16 y 23, 18:10, 19:9; Hechos 19:12-16.

El grupo de los Espíritus Malos tienen la facultad para lo siguiente:

1- Remover la paz.
2- Atar al creyente.
3- Llevarlo a un estado de sequedad espiritual.

Interesantemente se puede ver que Dios te permite tener la forma de como combatir a estos espíritus:

1- Averiguar...(auto-examinar).
2- Enfrentar...(ministrar o confesar).
3- Borrar...(renunciar y liberar).
4- Remplazar...(cambios de actitud).

AVERIGUAR: Esto ser hace a través de la ministración al alma llegando hasta la raíz del problema con la guía del Espíritu Santo y con la ayuda de siervos y siervas delegados con autoridad para esta labor.

La ministración da lugar a la confesión que es un poder que te lleva a ser libre.

ENFRENTAR: Significa reconocer los problemas,

las debilidades y hasta pecados para poderlos exponer a la luz de Jesús y que el acusador no tenga nada contigo porque la medida de sinceridad te llevará a experimentar la medida de libertad.

BORRAR: Es ser libres de toda atadura y enfermedades espirituales. La liberación es el pan de los hijos, es decir para aquellos que desean seguir adelante.

REMPLAZAR: Se debe llenar los lugares vacíos con virtudes de Dios, porque de otra manera se toma el riesgo a que el espíritu opresor vuelva a entrar con otros siete peores; pero si la persona liberada es llena del Espíritu Santo y el espíritu maligno intenta regresar encontrará la puerta cerrada y la vida llena de la presencia de Dios. Sin embargo, podría ser que la persona liberada no esté llena de la presencia del Señor y esto es porque no ha buscado de Dios y eso la convierte en una especie de playa, donde puede desembarcar el enemigo y tomar autoridad para continuar con aquel ataque directo y esclavizarla a voluntad de las tinieblas.

Mateo 12:44-45 [LBA] Entonces dice: "Volveré a mi casa de donde salí"; y cuando llega, la encuentra desocupada, barrida y arreglada. Va entonces, y toma consigo otros siete espíritus más depravados que él, y entrando, moran allí; y el estado final de aquel hombre resulta peor que el primero. Así será también con esta generación perversa.

10.- APROVECHA ÁREAS NO RENDIDAS

Uno de los mayores problemas por los que puede atravesar todo cristiano, es cuando es ministrado o ha buscado ministración de su alma y expone sus ataduras, pero quedan áreas que no expuso por vergüenza o por cualquier razón, entonces Satanás detecta en algún momento que aún existen receptores que están latentes, es entonces cuando envía la tentación y la batalla en contra de aquello que no quiere hacer se incrementa hasta que finalmente si no busca ayuda para que se le ministre y exponga toda su alma sin ocultar nada, es probable en reincida en su vida de pecado. Por eso es que no debe llevar secretos en el alma que aún puede estar deleitándose; si en algún momento se logra detectar algo anormal en la vida, debe llevarlo a la luz para que ni siquiera quede rescoldo o recuerdo de código alguno que le quiera esclavizar.

1 Corintios 6:9-12 LBA ¿O no sabéis que los injustos no heredarán el reino de Dios? No os dejéis engañar: ni los inmorales, ni los idólatras, ni los adúlteros, ni los afeminados, ni los homosexuales, ni los ladrones, ni los avaros, ni los borrachos, ni los difamadores, ni los estafadores heredarán el reino de Dios. Y esto erais algunos de vosotros; pero fuisteis lavados, pero fuisteis santificados, pero fuisteis justificados en el nombre del Señor Jesucristo y en el Espíritu de nuestro Dios. Todas las cosas me son lícitas, pero no todas son de provecho. Todas las cosas me son lícitas, pero yo no me dejaré dominar por ninguna.

Las áreas no rendidas, son los círculos o ciclos peligrosos del hombre.

¿Cuáles son? Deseos insaciables, intenciones, impulsos, obsesiones, compulsiones, tentaciones, pecados y posesiones. Son cosas que están relacionadas con patrones que se repiten y que vienen a ser los peligros que los hombres enfrentan en su interior, y que no desaparecen hasta que se corrijan.

BATALLAS INTEGRALES

LA REALIDAD INTERIOR

En orden para alcanzar la salud interior se requiere de una salud integral; tienes que ver y leer a lo que se refieren las siguientes citas bíblicas:

1 Tesalonicenses 5:23 LBA Y que el mismo Dios de paz os santifique por completo; y que todo vuestro ser, espíritu, alma y cuerpo, sea preservado irreprensible para la venida de nuestro Señor Jesucristo.
3 Juan 1:2 LBA Amado, ruego que seas prosperado en todo así como prospera tu alma, y que tengas buena salud.

No se puede completar una verdadera limpieza en el alma sino se le da la importancia a lo integral, o sea una limpieza que empiece en el espíritu y siga con el alma para que repercuta en el cuerpo:

1. Buscar la plenitud espiritual para ser espiritual (espíritu).
2. Se necesita ser liberado de demonios o espíritus inmundos y romper con ataduras (alma).
3. Cuidar el cuerpo santificándose (cuerpo).

EL TRATO PASADO DEL ALMA

Uno de los grandes problemas por los que el creyente atraviesa, se debe a la manera en la que el alma fue entrenada, programada, formada o dañada, de todo esto dependerá la forma en la que se pretenda desenvolverse en el transcurso de la vida en la tierra, por ejemplo: los hábitos, las costumbres, los daños, los abusos y los ejemplos, dicho en otras palabras, por la conformación del alma; cosas que no fueron programadas por Dios sino que las has encontrando en el camino y que de alguna forma impactaron tu vida, lo cual se quedó en el alma; sean estas situaciones conscientes o inconscientes que hayas presenciado o percibido por humanos o potestades; es lo que finalmente te llevó a que cayeras en círculos peligrosos y viciosos en los que el diablo pretende tenerte hasta dominar tu alma al cien por ciento.

LOS CONFLICTOS DEL HOMBRE

Necesitas descubrir lo que llevas dentro del alma, con el propósito de cumplir con tu llamado a ser esposo, padre y sacerdote de la casa; te invito entonces para que veas algunos ejemplos:

LA FIGURA DE ISMAEL E ISAAC

Esta figura es profunda en su análisis porque representan dos naturalezas que batallan en el hombre:

- Son hijos del mismo padre. (biológico, espiritual y divino).
- Nacieron en la misma casa.
- Son de diferente madre (diferente formación, diferente proceso o conformación).

Ahora veras los diferentes procesos de cada uno de estos personajes:

Uno de los dos debe de irse de la casa: Es la parte que todos deben expulsar para evitar los círculos peligroso del hombre.

- Uno es con promesa y el otro un paria.
- Uno agrada a Dios y el otro desobedece.
- Uno será espiritual y el otro siempre carnal.
- Uno es para la casa y el otro para el mundo.

Génesis 21:9-10 LBA Y Sara vio al hijo que Agar la egipcia le había dado a luz a Abraham burlándose de su hijo Isaac, y dijo a Abraham: Echa fuera a esta sierva y a su hijo, porque el hijo de esta sierva no ha de ser heredero juntamente con mi hijo Isaac.

Génesis 21:14 LBA Se levantó, pues, Abraham muy de mañana, tomó pan y un odre de agua y los dio a Agar poniéndoselos sobre el hombro, y le dio el muchacho y la despidió. Y ella se fue y anduvo errante por el desierto de Beerseba.

LAS DOS NATURALEZAS

Los dos nacieron en la misma casa pero tienen diferentes actitudes y destino.

- Isaac.
- Ismael.

Ismael representa los círculos peligrosos del hombre.

Gálatas 4:24-27 [LBA] *Esto contiene una alegoría, pues estas mujeres son dos pactos; uno procede del monte Sinaí que engendra hijos para ser esclavos; éste es Agar. Ahora bien, Agar es el monte Sinaí en Arabia, y corresponde a la Jerusalén actual, porque ella está en esclavitud con sus hijos. Pero la Jerusalén de arriba es libre; ésta es nuestra madre. Porque escrito está: REGOCÍJATE, OH ESTÉRIL, LA QUE NO CONCIBES; PRORRUMPE Y CLAMA, TÚ QUE NO TIENES DOLORES DE PARTO, PORQUE MÁS SON LOS HIJOS DE LA DESOLADA, QUE DE LA QUE TIENE MARIDO.*

Es interesante que ambos son hijos del mismo padre, sin embargo no pueden crecer en la misma casa y decir que son hijos del mismo padre; por eso es que el desafío que tiene cada hijo de Dios es el poder cumplir el papel en el cual ha sido asignado y no caer en los círculos peligrosos. Se deben, por lo tanto, separar estas dos personalidades del alma, de lo contrario se batallará constantemente por dentro con ambas naturalezas y eso llevará el riesgo de deslizarse fácilmente en los círculos de Ismael por el engaño que el enemigo pueda ejercer.

¿CUÁLES SON LOS CÍRCULOS PELIGROSOS?

1- Deseos.
2- Obsesiones.
3- Compulsiones.
4- Posesión.
5- Intenciones.
6- Impulsos.
7- Tentaciones.
8- Pecados.

Estos son grados de deformaciones que van en aumento en forma progresiva hasta completar la programación de las tinieblas en el alma y todo esto no permitirá que el hombre cumpla su función de varón de Dios en el lugar donde Él le lleve a ejercerlo.

LOS CÍRCULOS DE ISMAEL

Son los círculos peligrosos del hombre y son la parte que no se hereda de Dios y que fue conformada durante los primeros períodos de la vida o la vida sin Cristo, o sea la malformación del alma, entrenamiento y programación del alma sin la luz de Jesús; por eso es sumamente necesario que veas a qué me refiero con los cinco círculos que a continuación describo:

1.- CÍRCULO DE LOS DESEOS

El ser humano fue diseñado con deseos naturales, sin embargo estos pueden ser alterados al grado de vivir batallando con una larga lista de deseos negativos o fuera de control.

1 Pedro 1:14-16 LBA Como hijos obedientes, no os conforméis a los deseos que antes teníais en vuestra ignorancia, sino que así como aquel que os llamó es santo, así también sed vosotros santos en toda vuestra manera de vivir; porque escrito está: SED SANTOS, PORQUE YO SOY SANTO.

Los deseos naturales: Son trastocados por haber sido usados fuera de tiempo; el problema es cuando empieza a brotar el fruto de toda aquella malformación, la cual viene como resultado dependiendo del crecimiento y edad de la persona.

Cantares 2:7 LBA Yo os conjuro, oh hijas de Jerusalén, por las gacelas o por las ciervas del campo, que no levantéis ni despertéis a mi amor, hasta que quiera.

Cantares 8:8 [LBA] Tenemos una hermana pequeña, y todavía no tiene pechos; ¿qué haremos por nuestra hermana el día en que sea pedida?

En todo esto debes saber que el desorden del deseo normal sexual a un estado anormal, se debe a que se usa fuera de tiempo, lo cual en muchos casos los lleva a tener que casarse y tener que enfrentarse con responsabilidades que todavía no estaban preparados o entrenados para hacerlo, es muy posible que esto mismo los llevará al fracaso matrimonial, porque lo que buscaban en realidad cuando se casaron por compromiso, fue el hecho de tener licencia para saciar su apetito sexual y no por amor.

Los deseos trastocados: Existen deseos que por el trastoque son usados en exceso y desesperan al cónyuge, o bien llega la pérdida del deseo natural, lo que se conoce como /*anhedonia*/, lo cual es la pérdida del placer o deseo sexual. El problema es que al no tener control en el alma sobre el deseo, los espíritus pueden tomar control y llevar a la persona para que funcione de manera incorrecta de manera que sus deseos pierden equilibrio, es decir que se vuelven deseos desenfrenados; precisamente esto es el problema del tiempo final, el desenfreno del placer por eso se observa tanta aberración que incluso la legislación está autorizando para que nadie lo pueda señalar como anormal, sino por el contrario, con lo cual se abre la puerta a una lista de deseos, entre ellos, la lujuria, lascivia, concupiscencia, vicios o deseos de lo que no es correcto. El hombre al ser trastocado puede caer en una lista de deseos negativos, lo cual no le permite entender claramente el papel con su esposa en el área sexual, por otra parte todo esto está dejando paso para que Satanás intervenga a su conveniencia pecaminosa para que te veas involucrado en problemas de todo tipo con tu esposa y familia, porque así como puede haber pérdida del deseo sexual pero en el orden de Dios, también puede activarse el desenfreno pero fuera del matrimonio.

2.- CÍRCULO DE LA OBSESIÓN

El círculo después del deseo trastocado son las obsesiones sobre cosas o personas.

Gálatas 3:1-3 ¡Oh, gálatas insensatos! ¿Quién os ha fascinado a vosotros, ante cuyos ojos Jesucristo fue presentado públicamente como crucificado? Esto es lo único que quiero averiguar de vosotros: ¿recibisteis el Espíritu por las obras de la ley, o por el oír con fe? ¿Tan insensatos sois? Habiendo comenzado por el Espíritu, ¿vais a terminar ahora por la carne?

¿Qué es la obsesión? Según el Diccionario Western: la obsesión es el acto que va por delante al ataque diabólico.

La obsesión es un deseo con mayor intensidad que no se puede quitar de la mente, también es obsesión sobre cosas materiales o sobre personas, sinónimos de la obsesión son la fascinación y alucinación, finalmente la obsesión lleva al hombre o mujer a vivir fascinado o alucinar por algo o alguien.

Conduce a invertir más energía, más economía y más tiempo sobre una cosa que ha fascinado de manera que afecta la economía, la salud mental y corporal en una familia. También puede cambiar el enfoque del alma, llegando a través de estimulaciones desde afuera, directamente hacia la mente, pero todo esto es con el propósito de deformar el alma del hombre. Es entonces, cuando surgen hombres obsesionados perdiendo el enfoque y deseo normal y buscan algo que sea fuera de equilibrio, como si fuera una droga.

- Obsesionados por lo material.
- Obsesionados por el deporte.
- Obsesionados por la figura externa solamente.
- Obsesión por el trabajo secular.

El problema es que la carne se debilita más y más de manera que no permite que la persona alcance la transformación de su alma y termina viviendo como un hombre terrenal y no como un hombre espiritual.

3.- CÍRCULO DE LA COMPULSIÓN

Es vivir la vida con exigencia sobre otros, lo mismo que la amenaza o la intimidación que utiliza una persona para gobernar a otras. Un hombre que se excusa por sus actos hechos a través de la fuerza, inevitablemente está en el círculo de compulsión, el cual lo hace actuar en ira, manipulación y en control, sin permitir que cumpla con su función de protector de su familia, sino más bien ejerce un régimen totalitarista donde solamente él gobierna.

Salmo 11:5 LBA El SEÑOR prueba al justo y al impío, y su alma aborrece al que ama la violencia.

Salmo 17:4 LBA En cuanto a las obras de los hombres, por la palabra de tus labios yo me he guardado de las sendas de los violentos.

El diccionario Webster dice sobre la compulsión:

1. Acto de manejar o instar por la fuerza, físico o moral.

2. Fuerza aplicada; el controlar la voluntad de otra persona por la fuerza.
3. Aplicación de una fuerza que es irresistible.

4.- CÍRCULO DE LA POSESIÓN

Este círculo te habla del hombre con un fuerte sentido de posesión o que es directamente posesivo. Está visto como el dominio de un hombre por su espíritu a otros, haciéndose como dueño de los demás por la misma razón que es dominante y posesivo en la relación con otras personas, piensa que es dueño de todo y no acepta que otros puedan decir que determinada cosa o función es de otros, por ejemplo: es mi casa, mi carro, mi dinero, mis muebles y demás.

Mateo 20:25-28 [LBA] *Pero Jesús, llamándolos junto a sí, dijo: Sabéis que los gobernantes de los gentiles se enseñorean de ellos, y que los grandes ejercen autoridad sobre ellos. No ha de ser así entre vosotros, sino que el que quiera entre vosotros llegar a ser grande, será vuestro servidor, y el que quiera entre vosotros ser el primero, será vuestro siervo; así como el Hijo del Hombre no vino para ser servido, sino para servir y para dar su vida en rescate por muchos.*

Este tipo de hombres se enseñorean de todo, lo

cual crean ambientes de esclavitud y automáticamente se privan de servirle con amor a su familia y ser un hombre fiel en su hogar.

Levítico 25:53 LBA "Lo tratará como quien trabaja a jornal año por año; no se enseñoreará de él con severidad delante de sus ojos.

5.- CÍRCULO DE LAS INTENCIONES

Posteriormente, al círculo de la posesión llega el círculo de las intensiones, impulsos, tentaciones y pecados, los cuales son como tentáculos de las tinieblas para imposibilitar el adecuado desarrollo de un alma que está en comunión con Dios.

11.- PROVOCAR ENCIERROS

Otra estrategia de Satanás es atrapar o encerrar en un mismo problema o un mal a las personas, por ejemplo: lo que le sucedió a José con la esposa de Potifar. Por eso es necesario avanzar y ser trasladados de dimensión.

Éxodo 14:3 BSA El Faraón dirá de los hijos de Israel: Se han extraviado en el país; el desierto les ha cerrado el paso.

Éxodo 14:3 Porque Faraón dirá de los hijos de Is-

rael: "Andan vagando sin rumbo por la tierra; el desierto los ha encerrado."

- Dios los había sacado de Egipto pero ellos seguían enraizados.
- Dios los había bendecido pero ellos seguían enraizados.
- Dios les cambio la dieta pero ellos seguían pidiendo la misma comida porque seguía su raíz en Egipto.

El sistema de enredo es bien aprovechado por el Faraón (el diablo). Mucha gente Dios le ha abierto la ventana de los cielos, pero ellos continúan sin progresar porque continúan con la raíz de su árbol, cuando lo que deben hacer es desprenderse del pasado y disponer su vida para que Dios la ordene.

12.- EJERCER PATRONES DE INTELIGENCIA CONTRA LA VIDA DEL CREYENTE

La intensión de Satanás es llegar a conocer bien a su enemigo (el hombre) y para eso utiliza todo lo que tiene a su alrededor como parte de su estrategia, entonces empieza usando aquello con lo que el ser humano más batalla, con aquello que le causa enojo, resentimiento, amargura y Satanás se basa en el esquema que tiene de cada hijo de Dios, el cual ha realizado a lo largo de la vida de cada uno de ellos, para tener patrones de inteligencia y lanzar los ataques que correspondan y alcanzar su victoria. Por eso es necesario que la persona sea libre por completo de toda la vida que llevaba en el mundo, romper con todo hábito que provocaba cosas negativas, porque en la forma que se conduzca en la vida, Satanás sabrá qué ataque emplear para lanzarlo. Él no está probando aver si te hace tropezar, los ataques del diablo van direccionados para destruir. Cuando no lo logra, es porque Dios está en control y gobierno de tal cristiano guiándolo con su Santo Espíritu para que no dé tregua a las artimañas del enemigo.

Eclesiastés 8:5 LBA El que guarda el mandato real no experimenta ningún mal; y el corazón del sabio conoce el tiempo y el modo.

Proverbios 3:7 LBA No seas sabio a tus propios ojos, teme al SEÑOR y apártate del mal.

Eclesiastés 9:18 LBA Mejor es la sabiduría que las armas de guerra, pero un solo pecador destruye mucho bien.

Eclesiastés 9:14-16 LBA Había una pequeña ciudad

con pocos hombres en ella. Llegó un gran rey, la cercó y construyó contra ella grandes baluartes; pero en ella se hallaba un hombre pobre y sabio; y él con su sabiduría libró la ciudad; sin embargo, nadie se acordó de aquel hombre pobre. Y yo me dije: Mejor es la sabiduría que la fuerza; pero la sabiduría del pobre se desprecia y no se presta atención a sus palabras.

Determina dejar por completo toda costumbre que hayas adquirido en el mundo y que aún te puede tener atrapado, porque es una vía por la cual el diablo puede atacarte fácilmente.

13.- DESINFORMACIÓN

La desinformación es otra de las armas que utiliza el reino de las tinieblas con la intención de afectar el avance del creyente hacia la meta. La misma opera con mayor facilidad en la gente que sufre el poder del acondicionamiento, esto lo puedes ver en los diez espías que al entrar a reconocer la tierra prometida trajeron un mal informe o desinformación. Por eso es que, si en tu vida pasada, cuando has estado viviendo según los deseos del mundo, has sido de alguna manera afectado en tu alma para ver las cosas en forma negativa, hoy es el momento de despojarte por completo de toda esa vieja vestidura de acondicionamiento que está ejerciendo influencia en tu vida y vestirte de la vestidura que Dios tiene para tu vida ahora.

EL PODER DEL ACONDICIONAMIENTO

Es un elemento muy fuerte que puede utilizar Satanás para afectar tu libertad, de tal manera que la responsabilidad que tienes por delante es comprender cómo opera, para poder combatirlo con la contra parte que es el *reacondicionamiento.*

Acondicionamiento significa: sometimiento a una condición, limitación, restricción que afecta al desarrollo de un proceso o al comportamiento de una persona o cosa.

RESULTADOS DEL EXPERIMENTO DE ACONDICIONAMIENTO

Un científico hizo un experimento con un perro al cual le amarró una cuerda a su cuello y le colocó un plato de comida de manera que no pudiera alcanzarlo, el resultado fue el siguiente:

1. Cada vez que el animalito trataba de alcanzarlo se lastimaba.
2. A la cuarta semana del cruel experimento, el

perro ya no lo intento más.

3. A la quinta semana le quitaron la cuerda y le acercaron el plato de comida sin embargo el perro no hizo ningún intento por alcanzarlo, porque el dolor lo acondicionó.
4. A la séptima semana el perro comenzó a agonizar con la idea de que estaba aún atado.

RESULTADOS DEL PODER DEL ACONDICIONAMIENTO EN ISRAEL

Israel fue esclavo en Egipto por cuatrocientos treinta años, muchos de ellos nacieron, vivieron y murieron en esclavitud.

Éxodo 12: 40-41 El tiempo que los hijos de Israel vivieron en Egipto fue de cuatrocientos treinta años. Y sucedió que al cabo de los cuatrocientos treinta años, en aquel mismo día, todos los ejércitos del SEÑOR salieron de la tierra de Egipto.

Otros nacieron en esclavitud y vivieron algún tiempo en esclavitud y les llegó el momento de la liberación. De éstos, estuvieron cuarenta años libres del opresor físicamente pero, continuaron siendo esclavos de la opresión de su pasado, de tal manera que nunca alcanzaron la verdadera libertad (nunca llegaron a la Tierra Prometida con la excepción de Josué y Caleb). Por eso, se debe de considerar que ser libre del opresor no es lo mismo que ser libre de la opresión, el hecho de que seas libre debe hacerte responsable y caminar en el progreso de esa liberación hasta llegar a alcanzar la libertad completa en Cristo Jesús.

LOS ACONDICIONAMIENTOS DEL PASADO

Israel fue llevado a una nueva tierra pero se fue con su pasado, por esa razón lo nuevo no le garantizó el cambio, es algo así como decir que vives en una nueva ciudad con casa nueva, todo nuevo pero mentalmente estás en el antiguo lugar con la misma disposición de la vida de cautivo, es decir: el pasado continúa consumiendo el presente.

Números 11:5 [LBLA] *Nos acordamos del pescado que comíamos gratis en Egipto, de los pepinos, de los melones, los puerros, las cebollas y los ajos...*

Romanos 12:2 [LBLA] *Y no os adaptéis a este mundo, sino transformaos mediante la renovación de vuestra mente, para que verifiquéis cuál es la voluntad de Dios: lo que es bueno, aceptable y perfecto.*

LOS ACONDICIONAMIENTOS

Algunos ejemplos te ayudarán a entender más claro este concepto:

1. Es como alguien que ya lo liberaron de Egipto y quiere tener una casa de descanso en medio de Egipto y del desierto.
2. Es como alguien que ya lo liberaron pero desea desayunar, almorzar y cenar todos los días en la prisión donde estuvo por muchos años.
3. Es decir que lo nuevo, la tierra nueva, la casa nueva, la iglesia nueva, lo convierte en parte de Egipto, al estilo de la esclavitud que vivió en el mundo.
4. Los Israelitas salieron de Egipto por el poder de Dios, atravesando el desierto del Sinaí, pero el lugar donde estuvieron lo convirtieron en Egipto.

Por eso es que tuvieron que pasar por muchos tratos para desarraigar de su mente aquello que habían vivido, porque si hubieran llegado a la tierra prometida con esa mentalidad, la habrían convertido en Egipto. Todos desean un cambio, pero no todos están dispuestos a hacer el cambio que necesitan, no obstante muchos llegan a un momento en el que hacen cambios, entonces se engañan creyendo que han cambiado, cuando lo que en realidad necesitan es una transformación.

LA TRANSFORMACIÓN

Comienza con la nueva revelación, es decir que vas a tener que cambiar tu librería de consulta en la vida, amigos e influencias. Por eso Jesucristo dijo:

Lucas 4:18 RVA El Espíritu del Señor está sobre mí, porque me ha ungido para anunciar buenas nuevas a los pobres; me ha enviado para proclamar libertad a los cautivos y vista a los ciegos, para poner en libertad a los oprimidos

DEJANDO QUE EL PASADO QUEDE ATRÁS

La liberación provee la oportunidad de ser libre pero el pleno cumplimiento de la libertad se consigue cuando no permites que el pasado te afecte el presente.

Filipenses 3:13-16 Hermanos, yo mismo no considero haberlo ya alcanzado; pero una cosa hago: olvidando lo que queda atrás y extendiéndome a lo que está delante, prosigo (progreso) hacia la meta para obtener el premio del supremo llamamiento de Dios en Cristo Jesús. Así que todos los que somos perfectos, tengamos esta misma actitud; y si en algo tenéis una actitud distinta, eso también os lo revelará Dios; sin embargo, continuemos viviendo según la misma norma que hemos alcanzado.

Debes definitivamente terminar con lo que esta atrás de tu progreso.

EL PROGRESO SIEMPRE DEJA ALGO ATRÁS

Isaías 43:18-19 No recordéis las cosas anteriores ni consideréis las cosas del pasado. He aquí, hago algo nuevo, ahora acontece; ¿no lo percibís? Aun en los desiertos haré camino y ríos en el yermo.

No significa que pretendas hacer desaparecer el pasado, sino que no debes permitir que tu pasado te acondicione mas en tu presente para no condenar en nada tu futuro.

EL ACONDICIONAMIENTO TE MANTIENE OCUPADO

Muchos se mantienen ocupados en su pasado, tratando de solucionar cosas que no pueden y de esa manera están bloqueando automáticamente su futuro por eso es necesario renunciar a los viejos patrones de conducta del pasado, para que puedas llegar a gozar de una completa libertad. El problema por el que todos atraviesan es que el alma es consciente de lo que lleva la mente, la voluntad y las emociones, de lo cual nada parece cambiar hasta que pueda haber una forma correcta de pensar, por eso es que hoy puedes decir que eres la suma de lo que piensas y escoges cada día al tomar tus propias decisiones, por eso es que sin una transformación mental, las acciones que tomes para cambiar, solamente producirán un nuevo lugar, ese nuevo lugar será lleno de ti mismo, con las mismas cosas viejas por el acondicionamiento, a menos que renuncies por completo a tu viejo pasado, para vivir tu nuevo presente.

14.- ATAQUE AL GOZO

El gozo es como el indicador celestial, opera como un altímetro que mide la fuerza y la altura del creyente. Bíblicamente hablando, ¿en qué consiste la fuerza del creyente? Podrás responder de la siguiente manera: la batalla espiritual se comienza a perder cuando alguien no considera que se está ausentando lo que da la fuerza al creyente o sea, la comunión con Dios.

Nehemías 8:10 [RV1960] *...porque día santo es a nuestro Señor; no os entristezcáis, porque el gozo de Jehová es vuestra fuerza.*

Salmos 16:11-1 [LBA] *Me darás a conocer la senda de la vida; en tu presencia hay plenitud de gozo; en tu diestra, deleites para siempre.*

LA FUERZA Y ALTURA

Es el producto del gozo en el alma del creyente. La altura está basado en la presencia de Dios en tu vida y el gozo es la fuerza del creyente.

- La fuerza es el gozo del Señor.
- El gozo produce entusiasmo para hacer las cosas disfrutando lo que haces.

¿CÓMO HACES PARA DESCUBRIR SI ESTÁS BAJO ATAQUE ESPIRITUAL?

Midiendo el entusiasmo, porque si lo has perdido, es entonces cuando entra el ataque espiritual. Definiendo "*El entusiasmo*": Exaltación y excitación del ánimo por algo que causa interés, admiración o placer... Sumo interés en algo, que lleva a poner en su logro mucho esfuerzo y empeño.

Por eso es que al perder el entusiasmo la vida del creyente comienza a descender espiritualmente.

RECUPERANDO LA FUERZA

La misma escritura nos dice qué podemos hacer cuando se está perdiendo la fuerza y la altura.

Efesios 6:10-11 [LBA] *Por lo demás, fortaleceos en el*

Señor y en el poder de su fuerza. Revestíos con toda la armadura de Dios para que podáis estar firmes contra las insidias del diablo.

¿CÓMO SE PIERDE EL GOZO?

La pérdida del gozo es un plan Satánico. Es un esquema de las tinieblas que es puesto en marcha a partir del momento en que tu espíritu es vivificado porque antes de eso, vivías bajo la influencia Satánica incrementándose siempre todo lo que te pudiera afectar para utilizar su ataque basado en esos esquemas, en el momento en que resucitarás del espíritu.

Salmo 51:8 LBA Hazme oír gozo y alegría; que se regocijen los huesos que has quebrantado.

Aquí el salmista está reconociendo que en medio de las crisis, debes buscar los ambientes que traen gozo y alegría, de tal manera que aún los huesos quebrantados se recuperan, porque todo lo que produce gozo y alegría es el resultado de apoyarte en las promesas de Dios para tu vida.

Isaías 35:10 RV1960 Y los redimidos de Jehová volverán, y vendrán a Sion con alegría; y gozo perpetuo será sobre sus cabezas; y tendrán gozo y alegría, y huirán la tristeza y el gemido.

Mucha gente no cuida lo que escucha y se deja desanimar oyendo cosas tristes que roban el gozo y el entusiasmo y como consecuencia pierden la fuerza y la altura en Dios.

Deuteronomio 28:47 LBA *Por cuanto no serviste al SEÑOR tu Dios con alegría y con gozo de corazón, cuando tenías la abundancia de todas las cosas...*

Otro punto muy importante a considerar es cómo saber vivir en la abundancia porque puede llevarte a la comodidad y ésta impedir que continúes sirviendo al Señor cada día con gozo y alegría, con ésto puedes decir entonces, que el gozo se pierde cuando dejas de servirle a Dios.

Jeremías 33:11 LBA *...voz de gozo y voz de alegría, la voz del novio y la voz de la novia, la voz de los que dicen: 'Dad gracias al SEÑOR de los ejércitos, porque el SEÑOR es bueno, porque para siempre es su misericordia'; y de los que traen ofrenda de acción de gracias a la casa del SEÑOR. Porque restauraré el bienestar de esta tierra como fueron al principio" -- dice el SEÑOR.*

La voz de gozo y alegría va íntimamente ligada a la gratitud de la novia del Señor Jesucristo; no obstante el enemigo buscará que olvides lo que Dios ha hecho en tu vida y que ya no tengas gratitud intentar a callarte la voz de gozo y alegría. Por eso es sumamente importante que tu alma sea ministrada y no olvides lo que Dios ha hecho en tu vida y lo que seguirá haciendo.

Salmo 103:2 [LBA] Bendice, alma mía, al SEÑOR, y no olvides ninguno de sus beneficios.

Razón por la que es necesario que revises tu entusiasmo, el cual es el resultado de tu gozo en Él.

LA ORDEN PARA EL GOZO

Isaías 61:1-3 [RV1960] El Espíritu de Jehová el Señor está sobre mí, porque me ungió Jehová; me ha enviado a predicar buenas nuevas a los abatidos, a vendar a los quebrantados de corazón, a publicar libertad a los cautivos, y a los presos apertura de la cárcel; a proclamar el año de la buena voluntad de Jehová, y el día de venganza del Dios nuestro; a consolar a todos los enlutados; a ordenar que a los afligidos de Sion se les dé gloria en lugar de ceniza, óleo de gozo en lugar de luto, manto de alegría en lugar del espíritu angustiado; y serán llamados árboles de justicia, plantío de Jehová, para gloria suya.

El gozo es la orden que Dios decreta en el cielo y a los ungidos y a sus apóstoles para que den la palabra y unjan a los afligidos para vencer en la guerra espiritual.

A continuación describiré las diferentes formas que se encuentran en el idioma hebreo, respecto al término: *PALABRA*.

1- Dabar #1697
2- Peh #6310
3- Imrah #565
4- Milah #4405
5- Pithgam #6600
6- Omer #562
7- Dober #1699
8- Millah #4406
9- Mahamar #3982

Esta palabra es una orden que Dios proclama en el cielo y se declara en la tierra a través de Sus apóstoles.

Daniel 4:17 [LBA] *Esta sentencia es por decreto de los vigilantes, y la orden es por decisión de los santos, con el fin de que sepan los vivientes que el Altísimo domina sobre el reino de los hombres, y se lo da a quien le place, y pone sobre él al más humilde de los hombres.*

CAPÍTULO 6

LAS JERARQUÍAS ESPIRITUALES

Hablar de jerarquías espirituales es poder conocer y entender la importancia que tiene esta temática en este capítulo, es posible que en algún momento hayas escuchado acerca de ésto de manera que puedas percibir aunque sea lo básico. En la Biblia puedes estudiar y leer que existen varias jerarquías, en esta oportunidad voy a enfocarme a considerar lo que es una jerarquía en el plano militar, la Palabra de Dios señala una base en la cual se advierte que están en una constante lucha donde se explica quiénes son, sin embargo, la mayoría de la cristiandad desconoce cuáles son sus funciones, lo cual es inquietante porque contra ellos es la lucha que en determinado momento se tiene que confrontar y librar.

No puede quedar anulada la interrogante respecto a, ¿cómo se puede enfrentar un ataque contra potestades espirituales de un nivel que debe de considerar como militar? Si desconoces por completo como realmente son sus estrategias, considerandose que esas potestades llevan una actividad sumamente dinámica. Es por eso que hay que estudiar intensamente a este respecto y ver cuáles son los campos o puertas, (como le llaman algunos ministros de guerra espiritual) más vulnerables en la vida de cada creyente y aprender entonces, a batallar para defender la vida sin que esos campos se vean afectados ante un ataque, ya que lo que esas jerarquías lo que buscan es establecer en estos campos, una especie de base desde donde el creyente se vea afectado tanto en su interior como en su entorno externo y entonces, puedan llegar más allá de donde un creyente puede controlar.

Estos campos o puertas también se deben de considerar como portales, porque es donde ellos pueden tener toda la amplitud para poder penetrar y convertir su base militar de ataque en contra del pueblo de Dios; de tal manera que para empezar a estudiar estas jerarquías, es necesario que comiences a estudiar partiendo de la siguiente cita bíblica:

Efesios 6:12 [RV1960] *Porque no tenemos lucha contra sangre y carne, sino contra principados, contra potestades, contra los gobernadores de las tinieblas de este siglo, contra huestes espirituales de maldad en las regiones celestes.*

Estas potestades mantienen una constante planificación de batalla y lo que se debe hacer es, aprender a cómo se pueden contrarrestar esos ataques porque tu podrías ser el cristiano más pacíficos de esta tierra, sin embargo, no debes de mantenerte afuera de la realidad de que estás en una constante batalla espiritual por cuanto perteneces al ejército de Dios, el cual es contrario al ejército de las tinieblas y todo verdadero creyente es su enemigo; por eso tienes que conocer cada día mas el como poder confrontar esas batallas, considerando los distintos niveles que te señala el texto antes mencionado:

1- Principados.
2- Potestades.
3- Gobernadores de las tinieblas de este siglo.
4- Huestes espirituales de maldad en las regiones celestes.

Lo que necesitas es poder discernir el momento de cuando se está en batalla espiritual y conocer los principios que te llevarán a poder confrontar esas potestades.

Judas 1:9 LBLA *Pero cuando el arcángel Miguel contendía con el diablo y disputaba acerca del cuerpo de Moisés, no se atrevió a proferir juicio de maldición contra él, sino que dijo: El Señor te reprenda.*

Es interesante lo que puedes ver en este versículo de la Biblia, porque el arcángel Miguel contendía con el diablo disputando acerca del cuerpo de

Moisés; ésto muestra que el diablo iba por el cuerpo entero de Moisés pero, de alguna manera se puede decir que se hubiera conformado con una parte del cuerpo de Moisés, ¿por qué?, porque existen partes o campos que son más vulnerables que otros y existen partes del cuerpo que deben ser guardadas celosamente porque desempeñan una función sumamente importante en el ámbito espiritual, originándose en el mundo natural o material. A continuación describiré los campos que son considerados como los más importantes y que de alguna forma el diablo está interesado en anidar su base de estrategia militar:

CAMPOS AFECTADOS	Y SUS RESPECTIVOS
1.- El corazón	1.- Códigos
2.- Los ojos	2.- Imágenes
3.- La lengua	3.- Fuego
4.- Los oídos	4.- Saetas (voces)
5.- La mente	5.- Fortalezas
6.- La glándula pineal	6.- Fármacos

Dependiendo de la parte del cuerpo que está siendo atacada, Satanás lo hace de diferente forma para incrustar hasta donde le sea posible un elemento que va a repercutir en la vida del pueblo de Dios si no se logra identificarlas, por ejemplo:

1.- EL CORAZÓN

Marcos 7:20-22 [LBLA] *Y decía: Lo que sale del hombre, eso es lo que contamina al hombre. Porque de adentro, del corazón de los hombres, salen los malos pensamientos, fornicaciones, robos, homicidios, adulterios, avaricias, maldades, engaños, sensualidad, envidia, calumnia, orgullo e insensatez.*

El corazón es contaminado por códigos porque en ellos, se encuentran una especie de constitución para poder envolver el corazón e influenciar la vida de una persona. Lo interesante de la cita anterior es, que si lo que sale del corazón, es lo que contamina al hombre, ¿cómo pudo haber entrado?

CÓDIGO (según el diccionario de la Real Academia Española): Se coloca a través de un proceso de incubación. Un código que es incubado por definición significa: desarrollarse de manera oculta o poco conocida en el interior de una persona.

INCUBACIÓN: Es un proceso que permite el desarrollo de una cosa interiormente. Puede ser la fase inicial de cualquier enfermedad. Período de desarrollo de una tendencia.

Esto significa que, existe gente que desconoce esta operación de las jerarquías espiritual es y nunca detectan cuándo se inicia el proceso sino hasta que culminan al momento de finalizar; entonces la persona empieza a cometer pecados que quizá nunca antes habían llegado a su mente y como consecuencia es alcanzado por una enfermedad, una pérdida o hasta la muerte, si fuera posible. Por eso, es necesario que avance bajo una dieta espiritual adecuada y como consecuencia no desechar ninguna enseñanza que venga del corazón de Dios; porque estas enseñanzas lo que harán es que podrán detectar antes de que se incube el proyecto o el poder confrontar cuando se discierne qué es lo que está enfrente de las entidades que conforman lo que enumere anteriormente.

2.- OJOS

Lucas 11:34 [LBLA] *La lámpara de tu cuerpo es tu ojo; cuando tu ojo está sano, también todo tu cuerpo está lleno de luz; pero cuando está malo, también tu cuerpo está lleno de oscuridad.*

Cuando el ataque es a los ojos, es por medio de imágenes. El versículo anterior te habla de brillantez, de diferentes clases de luces que podrías utilizar para explicar cuándo hay una evolución y cuándo hay una involución a través del portal llamado: OJOS.

3.- LENGUA

Santiago 3:6-8 [LBLA] *Y la lengua es un fuego, un mundo de iniquidad. La lengua está puesta entre nuestros miembros, la cual contamina todo el cuerpo, es encendida por el infierno e inflama el curso de nuestra vida. Porque todo género de fieras y de aves, de reptiles y de animales marinos, se puede domar y ha sido domado por el género humano, pero ningún hombre puede domar la lengua; es un mal turbulento y lleno de veneno mortal.*

Cuando atacan la lengua, es inflamada por el fuego de la murmuración.

4.- OÍDOS

Marcos 4:24 [LBLA] *También les decía: Cuidaos de lo que oís. Con la medida con que midáis, se os medirá, y aun más se os dará.*

Cuando atacan los oídos, es a través de voces, las cuales son figuras como de saetas que el diablo constantemente está lanzando, las cuales pueden ser apagadas y destruídas por medio del escudo de la fe, aunque el diablo intente hablar a los oídos haciéndote creer falsedades; tu fe, puesta en El Señor Jesucristo, hará que esas voces no logren alcanzar su objetivo ni tampoco te puedan con-confundir.

5.- LA MENTE

2 Corintios 10:3-5 LBLA Pues aunque andamos en la carne, no luchamos según la carne; porque las armas de nuestra contienda no son carnales, sino poderosas en Dios para la destrucción de fortalezas; destruyendo especulaciones y todo razonamiento altivo que se levanta contra el conocimiento de Dios, y poniendo todo pensamiento en cautiverio a la obediencia de Cristo...

Cuando ataca la mente, lo hace a través de establecimiento de fortalezas, mas Dios te prepara para que las destruyas en Su nombre.

6.- LA GLÁNDULA PINEAL

Mateo 6:23 LBLA Pero si tu ojo está malo, todo tu cuerpo estará lleno de oscuridad. Así que, si la luz que hay en ti es oscuridad, ¡cuán grande será la oscuridad!

Cuando ataca la glándula pineal, es mediente el uso de fármacos, drogas o cualquier sustancia que entorpece el razonamiento de una persona. Todo lo que he descrito hasta este momento, te servirá de base para poderte desarrollar en lo que es propiamente el análisis de este capitulo la cual tiene que ver con ***LAS JERARQUÍAS ESPIRITUALES***, las cuales señalé plenamente al inicio; de tal manera que iniciaré esta descripción con la primera jerarquía que muestra la Biblia en la epístola a los Efesios 6:12.

PRINCIPADOS: Desde el punto de vista del idioma griego, lo que esta palabra significa, según el diccionario Strong, es lo siguiente:

G746 /ἀρχή/ arché - de G756; (propiamente abstractamente) iniciación, o (concretamente) jefe (en varias aplicaciones de orden, tiempo, lugar o rango) dignidad, dominio, gobernante, magistrado, poder, primero, primeramente, principado, principio, punta, rudimento.

Dios tuvo diferentes ciclos de creación, siendo los Principados los primeros creados, ésto les concede cierto lugar de señorío, se les concede el privilegio de ser primeros en todo; por ser creaciones con un propósito específico de parte de Dios. El problema es que llegó un momento en el que se rebelaron ante Dios y todo aquello, con lo que fueron dotados, lo conservan y pasan a servir en otro reino y estando ahora formando parte del reino de las tinieblas. Por la misma razón de ser principados o, primeros en turno, ejercen su especialidad la cual es, que sean príncipes ocupando regiones, continentes o en alguna zona específica como lo puede ser un país, tienen mentalidad de conquista; pero no están fijos en un solo lugar, porque todos tienen acción constante y eso los convierte en seres dinámicos que, al mismo tiempo en que pueden estar emitiendo órdenes a sus subalternos también participan ejerciendo otras funciones.

Asimismo, también ejercen la función estratégica por cuanto forman parte de un cerebro organizacional, lo cual los hace que sean muy diestros en todo lo que hacen respecto a guerras espirituales, el problema es que contra ellos es nuestra lucha y si eso es así, Dios confía en que estemos debidamente equipados para poder confrontar la fuerza que ellos pretenden ejercer sobre todo fiel cristiano, porque debes saber que el versículo descrito en Efesios 6:12 tiene una dedicación especial para el pueblo de Dios, no fue escrito dedicado a los ángeles sino para la Iglesia de Cristo y para eso, necesitas ser debidamente preparado para llevar una debida confrontación y de esta manera poder destruir toda influencia que ellos pretendan ejercer sobre tu vida.

De la palabra *PRINCIPADOS*, se deriva la palabra

PRINCIPES; por otro lado, no puedes dejar de mencionar que cuando se habla del Arcángel Miguel, también es un derivado de la palabra que describe el diccionario Strong, o sea: *ARCHE*, esto significa que también es un Principado o sea que fue parte del primer ciclo de creación, por eso fue que al momento en que vemos en la Biblia que se enfrentó contra Luzbel, no se atrevió a proferir palabras de maldición en contra de él, sino que le dijo: "el Señor te reprenda" porque ambos tenían el mismo nivel espiritual, con lo cual se puede ver un reconocimiento de jerarquías muy impresionante.

Este tipo de principados son especialistas en posesionarse de lugares, también pueden hacerlo con personas, pueden entrar a la vida de un humano aunque no lo hagan por tiempo prolongado, pueden hacerlo para establecer un dominio sobre un territorio y dejar una base de operaciones para que espíritus de las tinieblas de un rango más bajo, tengan mayor facilidad para posesionarlos.

En la Biblia se puede leer que Satanás siendo principado, pudo entrar al corazón de Judas y tomó el control de la vida de aquel hombre; no obstante esa posesión no se prolongó, pero estableció una base de operaciones para que se pudiera desarrollar el plan que ya tenía establecida, eso te deja ver entonces que los principados pueden entrar a una vida, aunque para eso también es necesario que haya un receptor que los reciba, razón por la cual es necesario que continuamente se esté buscando la llenura del Espíritu Santo y que verdaderamente tabernaculice en la vida de cada fiel creyente, en forma plena para que ningún principado pretenda anidarse en corazón del verdadero Pueblo de Dios.

POTESTADES o GOBERNADORES: Esta palabra tiene su origen, según el versículo base que he mencionado en el inicio de este capitulo, a un término griego, según el diccionario Strong:

G2888 /κοσμοκράτωρ/ kosmokrátor - de G2889; y G2902; gobernador del mundo, epíteto de Satanás, gobernador.

Esta es otra de las creaciones con las que Dios empezó Su creación, se puede decir quizás en segundo turno, también son de carácter militar, pero ellos lo que hacen es aplicar la estrategia de ataque que el principado deja en una zona contra una familia o contra una vida en particular. Las especialidades de los gobernadores es el manejo de las leyes espirituales, observan y se valen de principios que sean violados por el cristiano o que se les haga caer en los principios espirituales de las tinieblas; también son los que se encargan de solicitar intervenciones en base a argumentos porque por la misma razón que manejan leyes, sus ataques son de carácter jurídico, espiritual, militar, su esfera es netamente jurídica, ésto significa que ellos examinan las violaciones de las leyes espirituales de cada individuo y cuando encuentran una violación jurídica, se la presentan a Dios quien es el Juez justo que examina los argumentos y al encontrar que existe un argumento basado en una ley violada, Él aprueba la intervención.

Lucas 22:31-32 [RV1960] *Dijo también el Señor: Simón, Simón, he aquí Satanás os ha pedido para zarandearos como a trigo; pero yo he rogado por ti, que tu fe no falte; y tú, una vez vuelto, confirma a tus hermanos.*

Por eso es que un *KOSMOKRATOR* presentó un argumento para zarandear al Apóstol Pedro y Dios lo aprobó, solamente que Jesús había orado para que su fe no le faltara, o sea que en medio de cualquier situación que se pueda estar viviendo; como consecuencia de haber cedido permiso a las tinieblas para que se levanten en contra de cualquier vida, Dios está viendo que nuestra fe no falte, así que en medio de la tormenta tienes que seguir buscando a Dios sin importar lo que pase, nada te podrá separar del amor de Dios.

¿QUÉ LEYES SON LAS QUE EXAMINAN LOS GOBERNADORES?

Te invito para que leas con atención el siguiente texto bíblico, donde podrás conocer las leyes que estas jerarquías examinan.

Romanos 7:21-23 [LBLA] Así que, queriendo yo hacer el bien, hallo la ley de que el mal está presente en mí. Porque en el hombre interior me deleito con la ley de Dios, pero veo otra ley en los miembros de mi cuerpo que hace guerra contra la ley de mi mente, y me hace prisionero de la ley del pecado que está en mis miembros.

LEYES DE LOS GOBERNADORES

1. La ley de la habitación del mal (propenso a todo mal).

El mal puede habitar en una persona que le ha cedido derechos para que habite en su vida, por eso es importante descubrir cuál es esa ley del mal, renunciar a ella, quitar esa ley del mal para que no tenga ese derecho de habitar en la vida de un cristiano. Por eso, cuando una potestad se niega a salir de una vida es porque su resistencia se basa en esa ley llamada: *LA LEY DE LA HABITACION DEL MAL*, aunque el mal esté estático en determinado momento, seguirá teniendo como base la vida de aquella persona para otras incursiones que desde el entorno de esa persona, intenten penetrar su vida. No es conveniente que un gobernador de las tinieblas esté solamente neutralizado momentáneamente, sino que es necesario que se le neutralice, anule y se le eche fuera. ¿Cómo? quitándole los argumentos de la ley del mal.

De eso se trata todo esto, necesitas comprender las leyes espirituales porque eso es precisamente el trabajo de los gobernadores espirituales, conocer ampliamente la ley que puede usar para levantar argumentos en contra tuya y que como consecuencia Dios autorice una intervención jurídica.

Otras de las leyes que puedes ver en la cita anterior son las siguientes:

2. La ley de los miembros.
3. La ley de en la mente.
4. La ley del pecado.

En esto, podrás notar que hay cuatro leyes que manejan los gobernadores espirituales, ellos evalúan los principios que se violan y se basan de eso para poder determinar la intervención jurídica a una persona; como puedes ver, esto es un grado legal que se utiliza en un mundo espiritual. Por eso es que se requiere ser muy cuidadosos con los pactos que puedas hacer porque si lo haces en forma equivocada, Dios siendo juez justo, Él permitirá que se cumpla de una forma perfecta por cuanto es una herramienta legal en el mundo espiritual; si alguien pacta negativamente, Dios permite que ese pacto siga su curso porque Dios también es jurídico, por lo cual esas entidades buscan que el cristiano viole las leyes espirituales.

Continuando con la siguiente y tercera jerarquía espiritual de las tinieblas, nos encontramos con la llamada:

AUTORIDADES

G1849 /ἐξουσία/ exousía - de G1832 (en el sentido de capacidad); privilegio, i.e. (subj.) fuerza, capacidad, competencia, libertad, u (objetivamente) maestría (concretamente magistrado, sobrehumano, potentado, símbolo de control), influencia delegada:-autoridad, derecho, dueño, jurisdicción, libertad, poder, potencia, potestad.

Esta jerarquía utiliza diferentes niveles de autoridad, controlan, tienen el poder de actuar y según el nivel de la autoridad que este representando, así mismo es la influencia que ejercen en determinado momento, por ejemplo: cuando se lee en la Biblia el termino *LEGIÓN*, está refiriéndose precisamente a las /exousía/ aunque para poder llegar al nivel de *LEGIÓN*, es necesario que se empiece por el nivel de unidad; para lo cual es necesario que veas la siguiente integración de cómo van subiendo de nivel:

NIVEL DE JERARQUÍA DE LA EXOUSIA	INFLUENCIA
Nivel de unidad	**8 espíritus**
Nivel de centuria	**10 unidades = de 80 hasta 100 espíritus**
Nivel de una corte	**6 centurias = de 480 hasta 600 espíritus**
Nivel de legión	**10 cortes = de 4,800 hasta 6,826 espíritus**
Nivel de ejército	**De 6,000 a 10,000 espíritus**

Basados en esta tabla, se puede decir que Jesús peleó con el nivel de legión, sin embargo hoy, revestidos por el poder de nuestro Señor Jesucristo, se puede estar batallando en cualquiera de estos niveles los cuales están influenciados por un reinicio. ¿Por qué?

Mateo 12:43-45 [LBLA] *Cuando el espíritu inmundo*

sale del hombre, pasa por lugares áridos buscando descanso y no lo halla. Entonces dice: "Volveré a mi casa de donde salí"; y cuando llega, la encuentra desocupada, barrida y arreglada. Va entonces, y toma consigo otros siete espíritus más depravados que él, y entrando, moran allí; y el estado final de aquel hombre resulta peor que el primero. Así será también con esta generación perversa.

Con estos versículos se ve claramente cómo se suma 1 + 7 = 8 espíritus para tener un reinicio de influencia satánica en la vida de aquel que no ha logrado llenar su vida con el Espíritu Santo, una vez que ha sido liberado; pero el punto principal es que el número 8 es reinicio y de esa forma evoluciona.

La siguiente jerarquía que te muestra el versículo de *Efesios 6:12* es la llamada:

HUESTES

G4151 /πνεῦμα/ pneuma - de G4154; corriente de aire, i.e. respiración (soplo) o brisa; por anal. o fig. un espíritu, i.e. (humano) el alma racional, (por impl.) principio vital, ment. disposición, etc., o (sobrehumano) ángel, demonio, o Dios (divino), espíritu de Cristo, el Espíritu Santo:-aliento, espíritu, espiritual, viento. Comp. G5590.

G4190 /πονηρός/ ponēros - de un der. de G4192; dañino, i.e. malo, mal (prop. en efecto o influencia, y por eso difiriendo de G2556, que se refiere más bien a carácter esencial, al igual que de G4550, que indica degeneración de la virtud original); fig. calamitoso; también (pas.) enfermo, i.e. con enfermedad; pero espec. (mor.) culpable, i.e. delincuente, vicioso, facineroso; neut. (sing.) trastada, malicia, o (plural) culpa; masc. (sing.) el diablo, o (plural) pecador:-peor, perverso, perversa, crimen enorme, envidia, mal, maldad, maligno, maligna, malo, mala, malvado, malvada, malas cosas.

Las huestes representan otro nivel de autoridad los cuales tienen poder pero también pueden operar, por su especialidad es la cadena de operación por lo mismo que es una hueste, lo cual les permite tener ataques, no solamente constantes sino que a través de una estructura de ataques directos contra la gente en general, más específicamente contra el cristiano con lo cual entonces viene a conformarse una estructura de 13 espíritus de las tinieblas atacando en forma directa en la vida del creyente:

1- La estructura del espíritu de enfermedad.
2- La estructura del espíritu de temor.
3- La estructura del espíritu de adivinación.
4- La estructura del espíritu de fornicación.
5- La estructura del espíritu de esclavitud.

6- La estructura del espíritu de altivez.
7- La estructura del espíritu de perversión.
8- La estructura del espíritu de desaliento.
9- La estructura del espíritu de celos.
10- La estructura del espíritu de mentiras.
11- La estructura del espíritu de error.
12- La estructura del espíritu de estupor.
13- La estructura del espíritu maligno.

Estos son los términos principales que cada uno tiene, considerando que son trece estructuras de trece, o sea que cada uno de los que se describe, es el representante de un grupo de trece. Toda esta información es de suma importancia, aun más específicamente para los siervos de Dios que ministran al alma del pueblo de Dios, porque es como una base de los muchos espíritus contra los que en algún momento tendrán que batallar y saber que si existe un espíritu de enfermedad, es posible que existan muchos otros conectados a ese espíritu y que puedan estar alertas respecto al mundo de los espíritus que les rodea, porque debes saber también que cuando alguien detecta en medio de una ministración, una enfermedad que no tiene respuesta médica, está bajo la influencia de algún espíritu de enfermedad propiamente, debe saber que en algún momento puede estar influenciado por cualquier otro espíritu que esté apoyando al espíritu de enfermedad, por cuanto cada espíritu que se menciona pertenece a un grupo de trece espíritus más.

Es asombrosa la forma en la que trabajan estos tipos de espíritus, porque lo hacen bajo el principio que toda raíz llega al tiempo en que tiene que florecer hasta que llegue a tener su propio fruto; de la misma manera como el fruto del Espíritu es el producto de una raíz espiritual en la vida de un fiel creyente, de la misma forma opera la estructura de los 13 espíritus. De tal manera que una vez que has entendido esto que he explicado brevemente, la forma estructural de la jerarquía de las principales entidades de las tinieblas, ahora es necesario que puedas conocer los campos más vulnerables ante los ataques de las tinieblas, porque todo lo que has visto hasta este punto, ha sido solamente la introducción para que tuvieras una panorámica de lo que encierra el presente estudio, ahora necesitas analizar con mayor detenimiento los campos vulnerables en los cuales las jerarquías más elevadas dentro del reino de las tinieblas, buscan atacar y para eso explicaré lo siguiente:

LA INCUBACIÓN ESPIRITUAL EN EL CORAZÓN

Es interesante que Dios nunca ha ocultado la función de este órgano espiritual aunque como base se toma el corazón físico que está en medio del pecho. Dios toma la función del por qué y cómo opera el corazón físico para que se comprenda la función espiritual. Por eso es que de alguna forma debes comprender que existen órganos en el alma que están hechos a semejanza de los físicos, por ejemplo:

Lucas 16:24 LBLA Y gritando, dijo: "Padre Abraham, ten misericordia de mí, y envía a Lázaro para que moje la punta de su dedo en agua y refresque mi lengua, pues estoy en agonía en esta llama."

Esta conversación es entre almas; por consiguiente los órganos del alma, tienen semejanza con los órganos del cuerpo físico por eso es que cuando Dios habla del corazón está hablando del corazón del alma; de tal manera que al ver entonces en la Biblia la forma a la que Dios se refiere al corazón, se puede comprender la importancia que para El representa que guardes en todo momento tu corazón.

Proverbios 4:23 RV60 Sobre toda cosa guardada, guarda tu corazón; porque de él mana la vida.

La palabra *GUARDA*, lleva implícita la tarea de observar las tendencias, cuidar las recámaras secretas, vigilarlo y protegerlo porque de él mana la vida, físicamente hablando es como el motor que te impulsa a seguir adelante, pero espiritualmente también existe un corazón y tiene una función muy importante; por lo cual si el corazón está lleno de maldad, la vida espiritual igualmente está contaminada, porque el corazón está constantemente enviando información a todo el cuerpo de lo que tiene adentro. Debes guardar tu corazón porque conforme pasa el tiempo, éste se puede convertir en un corazón engañoso, cuando de alguna manera ha sido afectado.

Jeremías 17:9-10 [RV95] *Engañoso es el corazón más que todas las cosas, y perverso; ¿quién lo conocerá? ¡Yo, Jehová, que escudriño la mente, que pruebo el corazón, para dar a cada uno según su camino, según el fruto de sus obras!*

Dicho en otras palabras, si no guardas el corazón, se convertirá en algo que será más engañoso que cualquier otra cosa; Dios escudriña los corazones para que se vea qué es lo que hay dentro y se pueda sacar a la luz y nada quede escondido en su interior.

1 Crónicas 28:9 [LBLA] *En cuanto a ti, Salomón, hijo mío, reconoce al Dios de tu padre, y sírvele de todo corazón y con ánimo dispuesto; porque el SEÑOR escudriña todos los corazones, y entiende todo in-*

tento de los pensamientos. Si le buscas, El te dejará encontrarle; pero si le abandonas, El te rechazará para siempre.

El deseo de Dios es que veas si tu corazón ha sido alterado o fue incubado en él alguna raíz de amargura, quizá como consecuencia puede estar impidiendo que mane esa vida espiritual en la que necesitas vivir; porque debes saber que cuando existe un intento de incubación por parte del reino de las tinieblas, busca algo que el corazón tiene desde el momento en que aceptas a Cristo como tu Señor y Salvador; de la misma manera que fuiste creado en lo físico y tenías cierta información en el corazón, lamentablemente el pecado lo trastoca y sólo puede ser restaurado hasta que llegas a los pies del Señor Jesucristo, lo cual puedes tipificarlo como una fuente de vida espiritual. Esa fuente de vida espiritual es lo que las fuerzas del mal buscan para poderlo alterar y este sirva para expandir la contaminación, primeramente dentro de la misma persona.

Mateo 15:18 RV60 Pero lo que sale de la boca, del corazón sale; y esto contamina al hombre.

Eso te deja ver entonces que tu mismo puedes ser tu propia fuente de contaminación, por eso es que necesitas mantener el corazón protegido para que en el momento que enfrentes una batalla espiritual, estés plenamente confiado en que Dios va delante de ti como poderoso gigante, por otra parte tienes que estar confiado en la pureza que puedas tener en tu corazón porque en cada batalla espiritual tienes que enfrentarla con tu mente, cerebro y palabras, lo cual significa que la pureza que hay dentro de ti es determinante.

Salmo 27:3 Aun cuando acampara contra mí una hueste, mi corazón no temería; aun cuando el combate arrecie contra mí, aun entonces confiaré.

El Salmista está diciendo que a pesar que tiene batallas contra huestes, su corazón le inspira confianza para saber que está de acuerdo a los planes de Dios y no tiene en su corazón anidada ninguna sombra de tiniebla porque ha aprendido a proteger su corazón y sabe que de él mismo no saldrá ninguna contaminación. Dicho en otras palabras; alguien podría perder la batalla espiritual desde antes de empezarla, dependiendo de qué tan contaminado pueda tener su corazón, por eso es que Satanás busca contaminar el corazón, piensa en una invasión secreta para que al momento de enfrentarlo, tu interior esté contaminado y que como consecuencia la batalla sea de afuera para adentro y de adentro para afuera, con lo cual estarás perdiendo esa batalla espiritual.

¿CÓMO SE PUEDE CONTAMINAR EL CORAZÓN?

Puede ser que en tu pasado hayas tenido alguna experiencia muy amarga y eso dejó una herida que nunca ha sido sanada, aun cuando llegas a Cristo con esa herida, sangrando espiritualmente y sintiendo aún el dolor, esta condición puede habilitar el campo para que el diablo contamine el corazón, pero también puede ser contaminado por medio de una incubación diabólica.

¿Por qué la importancia del corazón?, resulta que en el idioma hebreo como en el griego, la palabra corazón, identifica a una persona en su personalidad; lo interesante con esto es que cuando lees en la Biblia, encontraras que se refiere a tres puntos importantes por cuanto es el hombre interior, la parte más profunda de la mente o del hombre.

CORAZÓN SEGÚN EL IDIOMA HEBREO

H3820 / /לֵב lēb labe - forma de 3824; corazón; también usado (fig.) muy ampliamente para los sentimientos, la voluntad e incluso el intelecto, de manera similar para el centro de cualquier cosa:- amorosamente, angustiar, ánimo, aplicar, arbitrio, atención, caso, corazón, cordura, cuidado, dar, decidir, deseo, entendimiento, esforzado, gozoso, juicio, pensamiento, sabiduría, voluntad, voluntariamente.

CORAZÓN SEGÚN EL IDIOMA GRIEGO

G2588 /καρδία/ kardia kar-dee'-ah - El centro de toda la vida física y espiritual, el asiento de la vida física, el vigor y sentido de la vida, la fuente y el asiento de los pensamientos, deseos, pasiones, apetitos, la parte profunda aún de lo inanimado

Al hablar del corazón, no se esta señalando propiamente el órgano en sí; sino que es una palabra que debes comprenderla dimensionalmente, Dios nos habla de una forma en la que podamos comprender por medio de ejemplos físicos. Necesitas comprender por el espíritu cuál es el mensaje de Dios al referirse a tu corazón:

Proverbios 4:23 [BTX] *Sobre toda cosa guardada, guarda tu corazón, Porque de él mana la vida.*

El corazón es una de las áreas que más frecuentemente se ve acechado y afectado por los espíritus de las tinieblas porque entonces dependiendo del estado de vida espiritual que cada persona viva, así serán los deseos, pasiones o apetitos que pueda tener, será en gran manera por la incidencia de contaminación que haya tenido en su corazón. Un deseo es un proyecto de pecado, una intención de pecar, y esto es precisamente lo que el enemigo empieza en primera fase de ataque en contra de la vida de cualquier cristiano para que estén presionando la vida de las personas, de tal manera que ellos puedan perder toda resistencia de negarse a sí mismos, hasta que finalmente caen rendido en el momento cuando la tentación le sugiere una opción para saciar aquel apetito que sienten.

De esta manera, es como puedes detectar la estrategia que utilizan esos espíritus para atacar los órganos más vulnerables en la vida espiritual y es cuando el corazón alcanza la maquinación de lo descrito en *Marcos 7:20-22* diciendo que se convierte en una fábrica de malos pensamientos, fornicaciones, robos, homicidios, adulterios, avaricias, maldades, engaños, sensualidad, envidia, calumnia, orgullo e insensatez, todos estos no son actos mismos, sino que aún están en calidad de intenciones, dicho en otras palabras, un corazón contaminado lleva toda la disposición de caer en cualquier situación de las antes descritas, a menos que se inicie un proceso de ministración.

El problema con todo esto es que, Satanás sabe qué es lo que cada persona puede llevar dentro de su corazón y lo único que él propicia es el escenario adecuado y el momento oportuno para que cada persona se vea envuelta en este tipo de situaciones, lo cual sucede precisamente cuando menos se lo esperan, quizás se encuentran muy confiados en que la vida que llevan es muy tranquila, sin problemas que los estén desviando de su vida cotidiana familiar o conyugal, sin embargo la persona que de pronto se ve envuelta en cualquiera de los problemas antes mencionados, como podría ser fornicación, adulterio, engaños, sensualidades y demás, tuvo que estar viviendo batallas espirituales en su interior y por haberse guardado aquella situación y no pedir ayuda y no estar dispuesto a acudir a una fuente de descontaminación por temor y orgullo, llegó el momento en que todo aquello maduró y entonces las intenciones del corazón se materializaron es ahí donde empieza a vivir aquella persona una de sus peores situaciones, llegando inclusive a la caída de pecado.

Por eso es que Dios ha permitido que a través de la ministración del alma, haya una salida de toda contaminación que pueda estar afectando; por eso es que no se debe esperar a que una idea o pensamiento madure, es en la primera oportunidad cuando comienza con una pequeña idea de pecado, cuando se debe de buscar ministración, para que no haya vestigio de pecado que pueda madurar y que sea presa fácil del enemigo. Por eso notaras que algunos personajes de renombre y que en su momento han tenido la oportunidad de testificar lo que han vivido; dentro de su testimonio han dicho que una de las cosas que más los afectó es que nunca tuvieron una persona que fungiera como confidente para que los ayudara a salir de los malos pensamiento que estaban fraguándose dentro de ellos "la intención de pecado"; por eso es que se necesita buscar la ministración si verdaderamente no se quiere caer en ningún tipo de pecado.

¿CÓMO TIENE LUGAR UNA INCUBACIÓN?

Salmos 91:1-3 [RVA] *El que habita al abrigo del Altísimo morará a la sombra del Todopoderoso. Diré yo a Jehovah: "¡Refugio mío y castillo mío, mi Dios, en quien confío!" Porque él te librará de la trampa del cazador y de la peste destructora.*

Dios traslada una promesa a tu vida, por causa del peligro que existe y que es latente en todo momento por cuanto es una trampa de cazador y la peste destructora. La palabra *TRAMPA*, en el idioma griego, se puede interpretar como un esquema por el cual, cuando el enemigo conoce el comportamiento y algunas cosas que vienen a ser debilidad en la vida de la persona; las utiliza precisamente para maquinar sus trampas. Mas la promesa de Dios es que también te librará de la peste destructora; en otras versiones de la Biblia leerás la palabra: pestilencia o plagas lo cual te lleva a ver entonces las batallas que se libran en el nivel de los virus, porque debes saber que de la misma forma como existen espíritus emisores, espíritus receptores y espíritus vectores, de la misma forma existen demonios manifestados en virus, porque el virus es el que incuba, provocando determinado tipo de enfermedad y que ningún médico humano puede encontrar el medicamento necesario que pueda contrarrestar el ataque demoníaco. Aunque no todas las enfermedades son consecuencia de espíritus, algunas son por descuido, si existen enfermedades que son causadas por demonios en calidad de virus.

Lucas 13:11 [LBLA] *...y había allí una mujer que durante dieciocho años había tenido una enfermedad causada por un espíritu; estaba encorvada, y de ninguna manera se podía enderezar.*

G769 /ἀσθένεια/ astheneia as-then'-i-ah - de G772; debilidad (de cuerpo o mente); por impl. enfermedad; mor. fragilidad:-débil, debilidad, enfermedad, enfermo.

Es importante saber que Jesús en algunos casos sanaba por la vía de la sanidad divina y otras veces lo que hacía era echar fuera demonios. Este demonio virus es el que incuba atacando células en la vida de los cristianos; teniendo la cualidad de poder manipular su propio ADN, cuando están atacando la vida de una persona, le inyectan de todo tipo de información, lo mismo que en el ámbito espiritual.

Salmos 91:3 [VIN2011] *Porque él te librará de la trampa del cazador, y de la epidemia destructora...*

En este texto bíblico, está refiriéndose específicamente al ataque del enemigo por medio de virus porque también a ese nivel existen guerras, cuando Dios libertó a Su pueblo de la esclavitud de Egipto, utilizó plagas, en el final de los tiempos el diablo está utilizando una estrategia similar porque es una guerra espiritual muy poco comprendida entre los cristianos y es por eso que algunos han tenido que invertir fuertes cantidades de dinero en médicos, medicinas, tratamientos, sin que se logre detectar cuál es la raíz de la enfermedad, porque no han considerado el ataque de las tinieblas en el ámbito de los virus. Mas cuando la persona es examinada por el poder de la Palabra de Dios y se somete a una verdadera ministración alcanzara victoria.

El problema que también se suscita cuando alguien ha gastado mucho recurso económico en una enfermedad, es que empiezan a buscar sanidad en medicina naturista sin saber que dentro de ese tipo de medicina, pueden encontrar lugares que se dedican al obscurantismo, aunque no son todos, pero el diablo si los puede utilizar, con lo cual ésto viene a convertirse en un círculo vicioso, que viene a enfermar más a la persona que busca sanidad donde quizás no la puede encontrar, principalmente cuando la enfermedad es causada por virus de demonios.

Otra forma de buscar sanidad cuando la gente agotó el recurso médico, es por medio de lo que se conoce como la acupuntura, porque se supone que este tipo de tratamientos están basados en un mapa del cuerpo humano para poder aplicar las agujas que tienen la energía del que está sanando; sin embargo esto también es de origen esotérico, porque ellos tocan lo que se conoce como chacras, para afectar directamente las coyunturas que sirven como entradas de energía, básicamente todo esto tiene su origen en sanidad que llevan consecuentemente a prácticas espiritualistas de origen oriental. Obviamente, estos son recursos que la gente utiliza en su desesperación por alcanzar la sanidad, sin saber que están siendo cada vez más afectados, por estar abriendo puertas para que los virus sigan su camino hasta llegar a tomar el absoluto control de sus vidas.

2 Reyes 1:2 LBLA Y Ocozías se cayó por la celosía del aposento alto que tenía en Samaria, y se enfermó. Y envió mensajeros, a los que dijo: Id, consultad a Baal-zebub, dios de Ecrón, si he de sanar de esta enfermedad.

En este versículo se puede ver claramente la desesperación de este rey por alcanzar la sanidad, llego a consultar al personaje que Jesús también mencionó como Beelzebú:

Lucas 11:18 LBLA Y si también Satanás está dividido contra sí mismo, ¿cómo permanecerá en pie su reino? Porque vosotros decís que yo echo fuera demonios por Beelzebú.

Según la creencia de los antiguos; era el dios mosca, el señor de las moscas, el señor de los sacrificios, el señor del estiércol y su representación terrenal era de una mosca o de un insecto que podía incubar para producir epidemia, plaga o peste; los hebreos conocían quién era este personaje porque lo tenían documentado de generación en generación y aunque eran el pueblo de Dios; en su desesperación por encontrar la sanidad, no les importaba invocar a quien fuera y elevarlo a la calidad de dios, con tal de alcanzar la sanidad que deseaban. Pero todo esto fue en la cultura hebrea, más cuando llega a la cultura griega, toma un giro más fuerte que repercute hasta nuestros días, porque astheneia es el género femenino de astheneio, el cual era un dios griego y romano el cual tenía como oficio enfermar a la gente, como lo hacía el dios mosca.

Este dios astheneio, fue venerado al grado que le levantaron un templo y le cambiaron el nombre para esculapio. Éste es el dios de la sanidad para esta gente y su emblema es una vara y una serpiente enrollada en la vara, emblema que hasta hoy día se utiliza en el círculo de médicos. Por lo tanto, es importante saber que existe una guerra espiritual aún en ese nivel, la cual Dios está revelando para el final de los tiempos, con el propósito de que no seas engañado por las tinieblas, por eso es que Jesús dijo:

Juan 8:32 LBLA ...y conoceréis la verdad, y la verdad os hará libres.

Es una libertad que se va alimentando en base a la verdad de nuestro Señor Jesucristo.

Eclesiastés 3:11 LBLA El ha hecho todo apropiado a su tiempo. También ha puesto la eternidad en sus corazones; sin embargo, el hombre no descubre la obra que Dios ha hecho desde el principio hasta el fin.

Nuestro órgano espiritual en semejanza del corazón natural, tiene que influenciarnos para buscar las cosas que están relacionadas con la eternidad; mas cuando el corazón es incubado, el creyente pierde el interés en todo aquello que se relaciona con la eternidad; por eso es que el ataque de Satanás hacia los creyentes es intenso y constante porque él pretende que pierdas el vínculo que te llevará a la eternidad.

CAPÍTULO 7

LAS PESTILENCIAS DE LAS TINIEBLAS

Abordar este tipo de estudios, suele ser un tanto difícil por cuanto no existe mucho material de apoyo; sin embargo tenemos la base bíblica para sustentar el mismo, sin embargo Dios mismo muestra que existe una guerra espiritual, como lo he estado compartiendo en los capitulos anteriores y para lo cual se establece la base sólida del texto siguiente:

Salmos 91:5-7 [LBLA] *No temerás el terror de la noche, ni la flecha que vuela de día, ni la pestilencia que anda en tinieblas, ni la destrucción que hace estragos en medio del día. Aunque caigan mil a tu lado y diez mil a tu diestra, a ti no se acercará.*

Uno de los mayores problemas por los que atraviesa el pueblo de Dios, es que desconoce las batallas que se libran en el mundo espiritual entre la luz y las tinieblas. Tinieblas no significa ausencia de luz, sino que también representa ignorancia. Por eso Satanás se convirtió en el príncipe de ellas, porque él domina donde hay oscuridad y encuentra ignorancia.

Cuando Dios dice que no hay que temer a "*la*

pestilencia que anda en tinieblas" está enseñando una de las formas más sutiles con las que atacan los demonios los virus.

Definitivamente la forma en la que operan los demonios no es algo nuevo. Algunos de ellos maniobran sus estrategias copiando lo que ven en el mundo espiritual y trasladándolo al material. Aun así, Dios cada vez derrama más en su iglesia revelación de Su Palabra y pudiendo ser testigo de ver como Él ha aumentado el conocimiento bíblico al respecto, trayendo un llamado de alerta en lo que se refiere a las guerras espirituales a nivel de virus y bacterias.

Incluso, debes saber que conforme avanzas hacia el día glorioso de la manifestación secreta de nuestro Señor Jesucristo, o lo que se conoce como la parusía; se incrementará también el ataque de las tinieblas en todos los niveles. Esta guerra espiritual será más sutil y delicada, porque los demonios saben que Dios está revelando muchos de Sus misterios, y que con eso Su pueblo estará más a la defensiva y preparado de lo que estaba inclusive, unos años atrás.

En este tiempo final, Dios está apresurando a Su pueblo para que asimile toda la revelación de Su Palabra, porque la mayor parte del mismo tiene desconocimiento a este respecto; principalmente porque existen potestades que nunca antes se habían manifestado, pero por estar en un tiempo final, empezaran a hacer sus primeras incursiones. Si analizamos todo lo que describe el capítulo nueve del libro de Apocalipsis, leerás que ahí se habla de seres híbridos (porque son de diferente género de espíritu), lo cual nunca antes se había visto:

Apocalipsis 9:1-2 LBLA *El quinto ángel tocó la trompeta, y vi una estrella que había caído del cielo a la tierra, y se le dio la llave del pozo del abismo. Cuando abrió el pozo del abismo, subió humo del pozo como el humo de un gran horno, y el sol y el aire se oscurecieron por el humo del pozo.*

Apocalipsis 9:7-11 [LBLA] *Y el aspecto de las langostas era semejante al de caballos dispuestos para la batalla, y sobre sus cabezas tenían como coronas que parecían de oro, y sus caras eran como rostros humanos. Tenían cabellos como cabellos de mujer, y sus dientes eran como de leones. También tenían corazas como corazas de hierro; y el ruido de sus alas era como el estruendo de carros, de muchos caballos que se lanzan a la batalla. Tienen colas parecidas a escorpiones, y aguijones; y en sus colas está su poder para hacer daño a los hombres por cinco meses. Tienen sobre ellos por rey al ángel del abismo, cuyo nombre en hebreo es Abadón, y en griego se llama Apolión.*

Estos son espíritus encarnados, y otros como Abadón y Apolión que en su momento hicieron una pequeña manifestación; ahora están preparándose para salir a la guerra. Sin embargo aunque ellos están haciendo sus primeras incursiones como espíritus que están dispuestos a encarnarse, también tienen dominio del territorio donde ellos habitan y es tal su poderío que se manifiestan ante los ojos de cualquier persona. Ellos son una pestilencia.

Cuando la Biblia habla de *"pestilencia de las tinieblas"*, no se refiere a que se manifiestan en un horario nocturno; sino a un demonio que opera como un virus y que pertenece al reino de las tinieblas.

Observa la cita inicial de este estudio: *Salmos 91:5-7* LBLA *No temerás el terror de la noche, ni la flecha que vuela de día, ni la pestilencia que anda en tinieblas, ni la destrucción que hace estragos en medio del día.*

Es de notar que después de hablar de la "*pestilencia que anda en tinieblas...*" dice que no se debe temer de la "*destrucción que hace estragos...*"; es como si fuera un Apolión que está a punto de salir para destruir; es decir, aquí se refiere a la genética en medio del día.

GUARDAR EL CORAZÓN DE LA CONTAMINACIÓN

Es interesante estudiar que cuando se habla de linaje de ancestros, existen estragos hereditarios productos de la iniquidad ancestral. En el capítulo anterior, describía los seis campos más vulnerables del creyente y me enfoque específicamente en el corazón. El texto que compartía fue Proverbios 4:23 "*sobre toda cosa guardada, guarda tu corazón; porque de él mana la vida*". Es importante anotar que cuando Dios habla de esta parte del cuerpo humano, Él se está refiriendo a un órgano espiritual. La pregunta sería entonces... ¿y por qué el corazón? Porque este es un miembro que opera siempre como una fuente de vida para cualquier ser humano.

Del corazón salen los males que contaminan al hombre y que están influenciados por la rebelión. Recuerda que son trece estructuras espirituales, de trece espíritus cada una. El número trece es escogido para tipificar la rebelión, porque va después del número doce que significa gobierno de Dios; Satanás lo escogió de esta forma en su intento de ser superior al mandato divino. ¿Cuáles son esos trece esquemas de rebelión? Lo puedes leer en *Marcos 7:21-23*.

1- Los malos pensamientos
2- Fornicaciones
3- Robos
4- Homicidios
5- Adulterios
6- Avaricias
7- Maldades
8- Engaños
9- Sensualidad
10- Envidia
11- Calumnia
12- Orgullo
13- Insensatez

En esta cita bíblica dice que todas estas maldades salen de adentro del corazón y que esto es lo que contamina al hombre. Es importante explicar que no se tiene por naturaleza un corazón malvado, sino que como Satanás sabe que de él mana la vida buscará siempre la forma de contaminarlo; lo hace con el propósito que cuando el corazón tenga que dar, de él salgan tinieblas. Por ejemplo, aunque una persona no esté en pecado, puede tener la disposición de caer en adulterio, y en la primera oportunidad que se le presente, caiga en una transgresión a la ley de Dios. Por eso es que el texto bíblico con el que comenzé en este capítulo, dice implícitamente que Dios nos puede librar de las pestilencias de las tinieblas que operan como un virus y contaminan nuestros órganos y sentidos espirituales.

¿Que hace un virus? Incubar la información que trae a la persona a la que va a infectar; ya sea de un virus como tal, o un demonio influenciando con toda la logística viral. Para poder comprender que puede suceder en la vida de un hijo de Dios que es atacado por un virus de esta categoría; es necesario analizar más adelante algunos personajes que padecieron este tipo de ataques y las consecuencias que se produjeron en sus vidas. El propósito es que se aprenda a usar las armas de luz que Dios ha entregado y estar debidamente vestidos con la armadura de Dios.

Efesios 6:11 [NTV] *Pónganse toda la armadura de Dios para poder mantenerse firmes contra todas las estrategias del diablo.*

Un punto muy importante de enfatizar es que antes de vestirte con la armadura celestial, es necesario descubrir cuáles son los esquemas de Satanás; así una vez que los has descubierto, entonces te colocarás la vestidura de Dios y persistirás porque este es un principio en guerra espiritual que está claramente en la Biblia.

Cuando en la Palabra de Dios dice que si *"resistes al diablo, él huirá de ti..."* es porque una vez que se descubre cuál es el esquema bajo el cual Satanás está trabajando, prácticamente se queda desarmado, porque el enemigo no pierde su tiempo contra alguien que lo está resistiendo. Nada puede sustituir al hijo de Dios que es persistente espiritualmente, porque es un poder con principio, que puede desbaratar un esquema o un modus operandi en el reino de las tinieblas.

EL MODUS OPERANDI DEL ENEMIGO

El enemigo estudia muy bien y conoce mucho

acerca de cada ser humano. Su Modus Operandi consiste en estar al tanto del desarrollo, y después de observar y estudiar (porque también sabe las debilidades genéticas), quiere entender la motivación de la concepción. Él conoce también los elementos que acompañó el nacimiento, el tipo de crianza que te brindaron, los patrones de costumbres establecidos, y todo lo que le pueda servir para afectar tu ADN. Él sabe que al inyectar el suyo, te podrá manipular fácilmente y de esa forma levantar un esquema de destrucción hacia los escogidos. Es el momento que el pueblo de Dios se revista de la armadura celestial porque es tiempo de batalla.

También es necesario ratificar que aunque no todos los virus son demonios, si fueron activados a consecuencia de la rebelión humana. Los virus pertenecían al reino animal, antes que el hombre cayera en rebelión delante de Dios y perdiera su comunión con Él. De alguna manera estos virus estaban bajo la autoridad del hombre; pero una vez que Adán perdió la comunión con Dios, todo lo sujetado, se le opuso, resistió y atacó para dañarlo. Es por eso que, Satanás se vale de todos estos elementos sobre los que el hombre ha perdido el control, para realizar la guerra espiritual en contra de él.

Ahora bien, esta batalla en el nivel de los virus del tiempo final es una copia de lo que Dios hizo al principio de la historia humana. Dicho en otras palabras, fue Dios el primero que batalló guerras espirituales a nivel de virus. En el libro de Éxodo capítulo siete y ocho podemos ver claramente cómo es que Dios presenta una guerra en contra de Faraón con plagas; lo cual es un sinónimo de pestilencia, epidemia o peste. Todas estas palabras tienen la misma raíz en el idioma hebreo:

H 1698 - */peste, pestilencia, plaga/.*

Dios inició una guerra de plagas en contra de faraón de la siguiente manera: lo primero que hizo fue convertir las aguas del río Nilo en sangre porque éste era adorado por los egipcios; después el siguiente ataque fue con ranas, las que eran idolatradas sobre una mujer que tenía la cabeza de este animal. Posteriormente llegaron las plagas de los piojos y moscas (éstos eran unos de los dioses egipcios) y así sucesivamente. Fue una guerra iniciada por Dios con virus. El problema empezó cuando Satanás quiso imitarlo para destruir al hombre. Dios deja ver que se debe estar atento al conocimiento que otorga por medio de su propia Palabra:

2 Corintios 2:11 [LBLA] *...para que Satanás no tome*

ventaja sobre nosotros, pues no ignoramos sus ardides.

Satanás aprovecha la falta de conocimiento de alguna parte del pueblo de Dios, y toma ventaja para destruirlo, cayendo así en las manos del enemigo. Por eso es que de alguna manera él encuentra el camino fácil, cuando el ataque es por medio de estos virus, ellos se posesionan de una célula, trabajan implantándole su propio ADN, el cual es para autodestruirlos.

En el Salmo noventa y uno se describe claramente, que Dios te librará de la pestilencia de las tinieblas que destruye la parte saludable de tu vida, donde se encuentra esa área de información genética, pero enfocada en el área espiritual.

Dios te pide tu corazón espiritual porque de ahí es donde sale la información que te hace buscar todos los días esa eternidad prometida por Él y así esperar el glorioso día del arrebatamiento. Es de esta manera como un corazón saludable te tiene que influenciar.

La intención del ataque de las tinieblas es inyectar en el núcleo de una célula, la información de la pestilencia; por eso es que el tipo de enfermedades que estos virus producen, no tienen respuesta médica. En la Biblia se declara que no eran enfermedades dentro del marco normal como podrían ser catalogadas, sino que era producto de un ataque de las tinieblas:

Lucas 13:11 [LBLA]*...y había allí una mujer que durante dieciocho años había tenido una enfermedad causada por un espíritu; estaba encorvada, y de ninguna manera se podía enderezar.*

G769 ***/Astheneia/*** - Debilidad del cuerpo y mente... enfermo debilitado y muy enfermo.

A la ***Astheneia*** no se le puede encontrar ninguna medicina, desde el punto de vista natural. Ella produce debilidad en el espíritu, en el alma y como consecuencia afecta el cuerpo. Es una clase de debilidad que puede llegar incluso a los mismos huesos; de tal manera era por eso que la mujer del texto bíblico, vivía encorvada hasta que llegó el momento en que fue liberada por el Señor Jesucristo; Él confrontó el poder de Satanás.

Salmos 91:3 [RVA] *Porque él te librará de la trampa del cazador y de la peste destructora.*

Entonces una guerra espiritual en el nivel de los virus, es una información inyectada a través del ADN como lo he estado explicando. Es necesario que quede completamente claro que al momento que una persona llega a ese debilitamiento (que no es solamente corporal, sino que también lo es en el alma y espíritu); es con el propósito que el pueblo de Dios deje de orar, de buscar a Dios, de congregarse, de leer la Biblia, y de buscar comunión con Él.

La falta de fuerza, lleva al creyente a que se aleje de todo lo que pueda significar la conexión con la eternidad. Por eso, el mismo Señor Jesucristo dijo que escudriñáramos las escrituras porque en ellas encontraríamos la vida eterna.

La Biblia contiene toda la información que el pueblo de Dios necesita, para conocer cómo se manifiestan estas entidades. En la época de los reyes, había una potestad llamada Baal-zebub y lo relacionaban con la medicina y la enfermedad. Su nombre significa: el señor de las moscas y como consecuencia, el transmisor de virus.

¿POR QUÉ ERES ATACADO EN EL CORAZÓN?

En primera instancia puedo decir, que es porque Dios ha puesto eternidad en él en forma de información, ha sido colocada allí para que mane la vida. Lo que Dios ha hecho es comunicar a ese órgano espiritual, a través de un código, lo que éste necesita saber para que trabaje con esa influencia y ayudarte a vencer todo tipo de enfermedades, pruebas o adversidades.

Existe una verdadera certeza en la esperanza hacia lo venidero que Dios te ha prometido; pero eso es precisamente lo que Satanás desea destruir en la vida del creyente para que el hombre comience a menguar y de esa manera poder cautivar su vida.

¿QUÉ ES UN CÓDIGO?

Es un conjunto de leyes. De la misma manera como existe un código civil que reúne leyes que afectan directamente a las personas, los bienes, la propiedad u otras obligaciones; también está el código de leyes, el cual afecta directamente a la persona por los delitos que comete.

Jeremías 31:33 [LBLA]*...porque este es el pacto que haré con la casa de Israel después de aquellos días--declara el SEÑOR--. Pondré mi ley dentro de ellos, y sobre sus corazones la escribiré; y yo seré su Dios y ellos serán mi pueblo.*

El corazón se debe cuidar porque en él Dios ha puesto eternidad de una forma codificada; por eso cuando Satanás revierte esa codificación, algunos creyentes apostatan, al grado que devuelven la salvación y no quieran nada de Dios.

Para llegar a ese nivel, Satanás debe alcanzar ese código. Por eso es que, no se puede decir que sea casualidad que el corazón tenga un peso aproximado de trescientos gramos; como tampoco que sea del tamaño del puño de cada persona. Es importante anotar que este número simboliza los años que camino Enoc con Dios y que después de este tiempo, fue llevado en un arrebatamiento. Dicho en otras palabras, el corazón tiene la medida para caminar con Dios, pero la forma en la que debes hacerlo es mediante el código que Dios puso en él.

Ahora bien, Satanás conoce esa bendición en cada vida y la forma en la que busca que tu cambies esa codificación, es por medio de un ataque demoníaco pero virtual; porque el virus tiene su propia información y lo que hace es poner rebelión con los trece aspectos que ya describi anteriormente. Por otro lado, también debes saber que los números hebreos están relacionados con una letra o una palabra, pero en ese caso, lo que veras es precisamente el valor numérico del alfabeto hebreo el cual te servirá exactamente para un buen ejemplo:

א	= 1	ל	= 30
ב	= 2	מ	= 40
ג	= 3	נ	= 50
ד	= 4	ס	= 60
ה	= 5	ע	= 70
ו	= 6	פ	= 80
ז	= 7	צ	= 90
ח	= 8	ק	= 100
ט	= 9	ר	= 200
י	= 10	ש	= 300
כ	= 20	ת	= 400

Como puedes apreciar, la letra que tiene el valor

numérico que a ti te interesa resaltar, es la que se llama ***SHIN***; de esa letra se deriva la palabra *HASHEM*, palabra que significa: *SU NOMBRE*, pero asombrosamente de ella misma se derivan tres palabras más:

SHEKINA: significa, gloria y tipifíca al Padre
SHALOM: significa, paz y tipifíca al Hijo
SHADDAI: significa, el Todopoderoso y tipifíca al Espíritu Santo

De esto mismo, puedes obtener entonces la enseñanza cuando dice la Biblia: *"yo escribiré mi ley en sus corazones..."*. Pero ¿qué significa o qué tiene que ver, todo esto con el corazón?

El corazón cuando es partido por la mitad, en su interior queda reflejada la imagen de la letra ***/Shin/***, eso significa que de esa forma fue como Dios marcó el corazón con eternidad para cada vida.

Dios puso Su sello de eternidad en tu corazón desde que te diseñó, para que cuando éste palpite te marque cuál es el camino por el que debes andar también, para que día a día te vayas acercando más y más a esa eternidad, la cual es tu futura morada.

El enemigo quiere desviarte de ese camino y es por

eso que se levanta para enviar constantemente ataques demoníacos al corazón en forma de virus; como ya lo mencioné anteriormente, un virus lleva su propio ADN y cuando es inyectado en la vida espiritual del creyente, él baja las defensas y es la forma en la que debilita el cuerpo, alma y espíritu, terminando por alejarlo de todo lo que puede conducirte a la eternidad.

Muchos aún no saben o no se explican, por qué abandonan lo que saben hacer; ellos no comprenden por qué el don que Dios les dio se ha adormecido y prefieren seguir en sus propios planes; peor aún, siguen utilizando Ese don pero enfocado en las cosas del mundo. Puedo ejemplificar este punto, cuando a una persona a la que Dios ha colocado el don de la música para que utilice un instrumento o escriba partituras de música cristiana; el enemigo lo infectará atacándolo con un virus espiritual para debilitarlo y que ese don sea enfocado hacia las cosas del mundo y no para el cual inicialmente fue diseñado por Dios. Puede suceder, que en algún momento él quiera trasladarlo nuevamente a los pies de Cristo; pero en el primer intento se volverá a debilitar y eso hará que no siga perseverando en su llamado a la obra de Dios.

Por eso es necesario que cada creyente esté en una

constante búsqueda del rostro de Jesucristo, con el propósito de que haya santidad en él y como consecuencia de esto, los ataques del diablo no logren penetrar su vida, sino que sea inmune a esos ataques de guerra espiritual por medio de virus.

Si los creyentes buscan de Dios continuamente, Él los fortalecerá con su presencia y eso hará que la búsqueda hacia Él sea más profunda. Esta búsqueda y anhelo de sentirlo se convertirá en un círculo virtuoso que llevará a Su pueblo a nuevas dimensiones celestiales e incluso, esa intimidad con Dios permitirá que los dones que Él les haya regalado se sigan desarrollando cada vez más en altos grados de creatividad, hasta que abarquen todos los ámbitos de la vida.

Por eso es que Satanás quiere afectar la instrucción de eternidad que llevas en el corazón, porque sabe que si una persona se desarrolla bajo el orden de Dios, todos los ámbitos de su vida estarán de acuerdo con lo que Dios desea ver en él; y para que eso suceda, hay que llenarse constantemente de Su presencia.

Es interesante que la misma letra */SHIN/*, también signifique: CAMBIO. Eso quiere decir que cuando el Señor Jesucristo salvó tu vida;

codificó tu corazón para que se diera el cambio necesario y que fuéras influenciado desde adentro como una fuente, con las leyes que Dios puso en él.

La única forma en la que el enemigo podrá afectar un corazón tocado por Dios, es contaminándolo.

Es interesante estudiar que la letra ***/SHIN/*** invertida significa: falsedad y corrupción. El enemigo contaminará entonces el corazón del hombre, invirtiendo esta letra y dañándolo de esta forma para que no cumplan los propósitos con los que Dios lo creo.

En la Biblia, leer que muchos recibieron el llamado de Dios, y algunos que de repente pudieron empezar a caminar en Su orden; sin embargo, fueron atacados y contaminados en su corazón, y como consecuencia aquella ley escrita en él, Satanás logró invertirla. Por ejemplo observa como Judas; uno de los doce discípulos del Señor

Jesucristo que estuvo cerca de Él, escuchándolo y viendo como Dios lo usaba contante y milagrosamente; permitió que el enemigo lo contaminara y terminó siendo un traidor.

Juan 17:12 LBLA *Cuando estaba con ellos, los guardaba en tu nombre, el nombre que me diste; y los guardé y ninguno se perdió, excepto el hijo de perdición, para que la Escritura se cumpliera.*

La contaminación en creyentes de la Iglesia primitiva, que habían visto milagros de una forma más fuerte de lo que quizá hoy podemos ver; sin embargo, se dejaron contaminar con avaricia por parte de Satanás, y su corazón fue dañado completamente para invertir aquello que Dios había codificado en ellos.

Hechos 5:3 LBLA *Más Pedro dijo: Ananías, ¿por qué ha llenado Satanás tu corazón para mentir al Espíritu Santo, y quedarte con parte del precio del terreno?*

HIJO - G5207 ***/υἱός/ /juíos/*** - aparentemente palabra primaria; «hijo» (a veces de animales), usado muy ampliamente de parentesco remoto o figurativamente:-hijo.

PERDICIÓN G684 ***/ἀπώλεια/ apóleia/*** - de un

derivado presunto de G622; ruina o pérdida (físicamente espiritual o eterna):-perdición, camino, condenación, desperdicio, destrucción, destructor, disolución, muerte.

De acuerdo con lo que puedes leer en el diccionario Strong, entenderás que *HIJO DE PERDICIÓN*, es aquel que le destruyeron la información que traía en su corazón de parte de Dios; por medio de un ataque de virus al que le colocaron otra información, con otra ley en su corazón.

Juan 17:12 LBLA *Cuando estaba con ellos, los guardaba en tu nombre, el nombre que me diste; y los guardé y ninguno se perdió, excepto el hijo de perdición, para que la Escritura se cumpliera.*

En este texto se muestra una genuina operación del tiempo final sobre la cual debemos estar muy alerta para que la contaminación por medio de demonios en forma de virus espirituales, no logre su objetivo en los corazones.

2 Tesalonicenses 2:3 LBLA *Que nadie os engañe en ninguna manera, porque no vendrá sin que primero venga la apostasía y sea revelado el hombre de pecado, el hijo de perdición…*

Es importante que siempre recuerdes que la Biblia dice que Satanás era el sello de la perfección; de alguna forma era especialista en sellar y es por eso que él busca marcar a los hijos de Dios en su corazón para invertir la codificación que el Señor Jesucristo puso en ellos; para que desde ahí sea más fácil para él, contaminar toda vida espiritual.

Ahora bien, una de las estrategias que está utilizando Satanás es sellar en grupos de trece y es ahí de donde se puede ver que él reúne, estos grupos de trece elementos en cada conjunto; como diciendo: "la rebelión de las rebeliones"; ¿cuáles son los trece grupos?

1- La estructura del espíritu de enfermedad.
2- La estructura del espíritu de temor.
3- La estructura del espíritu de adivinación.
4- La estructura del espíritu de prostitución.
5- La estructura del espíritu de esclavitud.
6- La estructura del espíritu de altivez.
7- La estructura del espíritu de perversión.
8- La estructura del espíritu de desaliento.
9- La estructura del espíritu de celos.
10- La estructura del espíritu de mentiras.
11- La estructura del espíritu de error.
12- La estructura del espíritu de estupor.
13- La estructura del espíritu maligno.

Una vez que se entiende el grupo principal de trece, describiré más profundamente el primero; haciendo énfasis en que es la mujer la que se ve más fuertemente atacada por ese grupo de trece:

1.- ESPÍRITU DE ENFERMEDAD

Lucas 13:11 LBLA...y había allí una mujer que durante dieciocho años había tenido una enfermedad causada por un espíritu; estaba encorvada, y de ninguna manera se podía enderezar.

1- Debilidad o Flaqueza.
2- Cáncer.
3- Problemas Del Seno.
4- Enfermedades Del Corazón.
5- Diabetes.
6- Artritis.
7- Tensión Alta.
8- Hemorragias o Flujo.
9- Infecciones Vaginales.
10- Derrame Cerebral.
11- Fiebres.
12- Alergias.
13- Depresión.

Estas son las enfermedades que más comúnmente se escuchan en las ministraciones del alma, debido a un ataque de las tinieblas en forma de virus, el cual le ha producido cualquiera de las enfermedades descritas en la lista anterior.

2.- ESPÍRITU DE TEMOR

2 Timoteo 1:7 LBLA Porque no nos ha dado Dios espíritu de cobardía, sino de poder, de amor y de dominio propio.

1- Miedos.
2- Tormentos.
3- Pesadillas.
4- Temor a la muerte.
5- Timidez.
6- Fobias.
7- Complejos.
8- Ansiedad.
9- Estrés.
10- Esquizofrenia.
11- Locura.
12- Paranoia.
13- Demencia.

Estos se puede decir que son los auxiliares que vienen acompañando al espíritu de temor; dicho en otras palabras; el espíritu de temor puede enviar cualquiera de esas manifestaciones en forma de espíritu, para que estorbe al creyente en su avance en el caminar cristiano.

3.- ESPÍRITU DE ADIVINACIÓN

Hechos 16:16 [LBLA] *Y sucedió que mientras íbamos al lugar de oración, nos salió al encuentro una muchacha esclava que tenía espíritu de adivinación, la cual daba grandes ganancias a sus amos, adivinando.*

1- Misticismo.
2- Rebelión.
3- Médium.
4- Astrología.
5- Esoterismo.
6- Brujería.
7- Hechicería.
8- Magia.
9- Meditación Trascendental.
10- Dones Trastocados.
11- Fármacos.
12- Religión.
13- Telepatía.

Todos aquellos que tienen la bendición que Dios les ha regalado en impartir sobre ellos sus dones; deben tener mucho más cuidado, porque el enemigo buscará la forma de cambiar el modo en que opera cada don en todos aquellos que tienen el privilegio de ministrar a otros.

4.- ESPÍRITU DE PROSTITUCIÓN

Oseas 4:12 LBLA Mi pueblo consulta a su ídolo de madera, y su vara les informa; porque un espíritu de prostitución los ha descarriado, y se han prostituido, apartándose de su Dios.

1- Incesto.
2- Abuso Sexual.
3- Adulterio o Fornicación.
4- Bestialismo.
5- Lujuria.
6- Pornografía.
7- Idolatría.
8- Orgías.
9- Seducción.
10- Masturbación.
11- Prostitución.
12- Incubos o súcubos.
13- Homosexualismo.

Estos tambien son, como auxiliares que apoyan al espíritu de prostitución con el propósito de bajar los niveles espirituales y morales de cada persona, para que rompa los límites de pudor a través de estas trece influencias.

5.- ESPÍRITU DE ESCLAVITUD

Romanos 8:15 LBLA Pues no habéis recibido un espíritu de esclavitud para volver otra vez al temor, sino que habéis recibido un espíritu de adopción como hijos, por el cual clamamos: ¡Abba, Padre!

1- Alcoholismo.
2- Drogadicción.
3- Tabaquismo.
4- Anorexia.
5- Bulimia.
6- Manipulación.
7- Codependencia.
8- Adicto al sexo.
9- Adicto al trabajo.
10- Adicto a comprar.
11- Adicto a la televisión.
12- Adicto a fármacos.
13- Adicto a la pornografía.

La persona que está esclavizada a uno de estos puntos que estoy mencionando sabe que está obrando incorrectamente, sin embargo es incapaz de tomar la decisión de apartarse de eso porque es el espíritu de esclavitud el que se lo impide. Para que un espíritu de estos salga fuera de esa vida, debe ser echado por medio de una autoridad delegada de parte de Dios.

6.- ESPÍRITU DE ALTIVEZ

Proverbios 16:18 LBLA Delante de la destrucción va el orgullo, y delante de la caída, la altivez de espíritu.

1- Orgullo.
2- Arrogancia.
3- Control.
4- Dominante.
5- Burlón.
6- Egoísmo.
7- Obstinación.
8- Desprecio.
9- Dictador.
10- Controversial.
11- Criticón.
12- Chismoso.
13- Autoritario.

¿Qué relación puedes encontrar entre el espíritu de altivez con el espíritu chismoso? Son estructuras sutiles que utilizan al frente un nombre genérico con una función específica; pero de manera estratégica, es apoyado por otros espíritus, los cuales son íntimos o afines entre ellos por el daño que causan al creyente. Cuando alguien está siendo liberado de un espíritu de altivez, de igual forma estará siendo libre de alguno de los trece espíritus auxiliares, si no es que es de todos ellos.

7.- ESPÍRITU DE PERVERSIDAD

Proverbios 26:26 LBLA *Aunque su odio se cubra con engaño, su perversidad será descubierta en la asamblea.*

1- Desviación Sexual.
2- Poligamia.
3- Homosexualidad.
4- Orgías Sexuales
5- Sadomasoquismo
6- Narcisismo.
7- Malhumor
8- Obstinación.
9- Maldad.
10- Maldiciente.
11- Acusador.
12- Mentiroso.
13- Infiel.

El espíritu de perversidad, está íntimamente ligado al espíritu de sexo ilícito.

8.- ESPÍRITU DE DESALIENTO

Isaías 61:3 LBLA*...para conceder que a los que lloran en Sion se les dé diadema en vez de ceniza, aceite de alegría en vez de luto, manto de alabanza en vez de espíritu abatido; para que sean llamados robles de* *justicia, plantíos del SEÑOR, para que Él sea glorificado.*

1- Depresión.
2- Tristeza.
3- Desaliento.
4- Desesperación.
5- Desesperanza.
6- Soledad.
7- Vergüenza.
8- Culpabilidad.
9- Pena Constante.
10- Rechazo.
11- Victimización.
12- Queja.
13- Dolor.

Este espíritu se manifiesta en el tipo de personas que nunca está agradecida con nada; en todo momento tienen descontento en su alma y no están dispuestos a batallar en el Nombre de Jesús.

9.- ESPÍRITU DE CELO

Números 5:15 [LBLA]...el hombre llevará su mujer al sacerdote y llevará como ofrenda por ella un décimo de un efa de harina de cebada; no derramará aceite sobre la ofrenda, ni pondrá sobre ella incienso, porque es una ofrenda de cereal, de celos, una ofrenda memorial de cereal, un recordatorio de iniquidad.

1- Sospecha.
2- Inseguridad.
3- Codicia.
4- Egocentrismo.
5- Desconfianza.
6- División.
7- Venganza.
8- Odio.
9- Crueldad.
10- Furia.
11- Muerte.
12- Contienda.
13- Competencia.

Uno de los problemas más frecuentes en la vida de toda persona es el celo (sea hombre o mujer), y los espíritus que llegan a batallar juntamente con este espíritu, están en la lista que acabas de leer anteriormente. El mayor problema con este tipo de espíritus es que no solamente está estorbando al que está endemoniado, sino que está quitándole la paz a su pareja; ya sea su cónyuge o con quien está haciendo planes de matrimonio. Uno de los mayores problemas que se pueden enfrentar si no se busca ayuda de un ministro de Dios, es que la persona que está endemoniada con un espíritu de celos, puede llegar a matar a su pareja, impulsado por esa misma entidad.

10.- ESPÍRITU DE MENTIRA

Juan 8:44 LBLA *Sois de vuestro padre el diablo y queréis hacer los deseos de vuestro padre. Él fue un homicida desde el principio, y no se ha mantenido en la verdad porque no hay verdad en él. Cuando habla mentira, habla de su propia naturaleza, porque es mentiroso y el padre de la mentira.*

1- Engaño.
2- Exageración.
3- Blasfemia.
4- Hipocresía.
5- Falsas Ilusiones.
6- Adulación.
7- Sentimentalismo.
8- Legalismo.
9- Falsedad.
10- Infidelidad.
11- Critica.
12- Calumnia.
13- División.

11.- ESPÍRITU DE ERROR

1 Juan 4:6 LBLA *Nosotros somos de Dios; el que*

conoce a Dios, nos oye; el que no es de Dios, no nos oye. En esto conocemos el espíritu de la verdad y el espíritu del error.

1- Confusión.
2- Racismo.
3- Duda.
4- Incredulidad.
5- Decepción.
6- Irresponsabilidad.
7- Inmadurez.
8- Malas Decisiones.
9- Conflictos.
10- Sectarismo.
11- Lenguas Falsas.
12- Profecías Falsas.
13- Visiones Falsas.

La razón por la cual estoy detallando cada grupo de los espíritus que apoyan a otro mayor, es para desenmascarar las obras de las tinieblas y que puedas entender de qué manera están estructurados.

12.- ESPÍRITU DE ESTUPOR

Romanos 11:8 [LBLA] tal como está escrito: DIOS LES DIO UN ESPIRITU DE ESTUPOR, OJOS CON QUE NO VEN Y OIDOS CON QUE NO OYEN,

HASTA EL DIA DE HOY.

1- Fatiga Constante.
2- Pasividad.
3- Adormecimiento.
4- Auto Compasión.
5- Victimización.
6- Dilatación.
7- Desmotivación.
8- Sin Anhelos.
9- Sin Futuro.
10- Sin Visión.
11- Sin Metas.
12- Cansancio.
13- Deprimido.

13.- ESPÍRITU MALIGNO

Marcos 9:25 [LBLA] Cuando Jesús vio que se agolpaba una multitud, reprendió al espíritu inmundo, diciéndole: Espíritu mudo y sordo, yo te ordeno: Sal de él y no vuelvas a entrar en él.

1- Locura.
2- Demencia.
3- Esquizofrenia.
4- Epilepsia.
5- Tendencias Suicidas.
6- Sordera.

7- Violencia.
8- Oye Voces.
9- Mira Demonios.
10- Sonámbulo.
11- Amanece Con Golpes.
12- Dolores Anormales.
13- Dureza De Corazón.

En cada grupo de trece espíritus, es necesario saber que ellos operan como virus, y todos son sirvientes de Satanás para perturbar la vida de los creyentes. Sin embargo, poderoso es Dios para mantenerte en pie si crees todo lo que te ha prometido. Si eres fiel a Él, y si verdaderamente buscas la paz con todos y la santidad, estaras colocándote un blindaje alrededor de tu vida íntegra.

Como dice la Palabra de Dios, debes de guardar tu corazón, para que esta cobertura espiritual sea activada como un antivirus, y no haya nada que la desvíe y contamine, porque la santidad de Dios operando y activada en tu corazón rechazará todo espíritu sin importar de la índole que sea.

CAPÍTULO 8

LOS ESQUEMAS DE LAS TENTACIONES

Hay cinco tiempos del desarrollo de la vida del hombre, que son muy importantes para el reino de las tinieblas, el cual Satanás observa. Porque como hemos dicho el enemigo trabaja en el sistema de la observación. Él no es omnisciente por tal causa, no sabe lo que hay en cada vida, por eso mismo ha optado por operar en la observación.

Analizaremos brevemente los cinco tiempos que examina el enemigo en cada vida.

1- La genealogía.
2- La concepción.
3- El nacimiento.
4- La crianza.
5- La costumbre.

Cuando el enemigo examina la "genealogía", mira cuáles van a ser las inclinaciones del individuo. Puede plantear una situación porque ve que genéticamente el ser humano es débil o inclinado al mal.

En la concepción examina la motivación que

hubo en los padres para procrear una nueva vida. En el caso de que esa motivación haya sido por alcoholismo, por drogas, por violación, por pornografía, por lascivia, o por cualquier concupiscencia. Eso lo utilizará en su contra en el futuro.

En el nacimiento también observa todo, la atmósfera que rodeó ese momento: el comportamiento de la familia, la aceptación, el rechazo, la alegría, la tristeza, la crianza y como le educaron en los primeros años de la vida. Todo eso formó la personalidad, incluyendo aún a los padres o personas que cuidaron e invirtieron tiempo en los primeros años de crecimiento y desarrollo de esa nueva vida.

En cuestión de los hábitos, observará que cultura le inculcaron o que subculturas le infundieron, logrando formar imágenes de temor, manipulación, todo aquello que utilizaron en el hogar para que se formen hábitos sean buenos o malos; todo esto le sirve a Satanás.

Entonces entiendes, que el enemigo está utilizando lo que se puede considerar uno de los niveles de ocultismo más altos para informarse, dentro de estos cinco tiempos.

Esos niveles altos de ocultismo son los que hoy en

día están experimentando como una resurrección del ocultismo babilónico.

LAS TENTACIONES

Una de las cosas que Dios está permitiendo dentro de la Iglesia gloriosa, es que se aprenda a orar y saber que existen diferentes tipos de oración por cuanto Jesús llegó a enseñar a sus propios discípulos acerca de cómo orar. Demarcando que parte de esa oración modelo dice:*...y líbranos de toda tentación...* esto significa que en determinado momento habría creyentes que podrían sutilmente ser engañados a tal punto de ceder a la tentación. Esto se debe de entender bien, para poder comprender principalmente el porqué la humanidad entera esta viviendo en el final de los tiempos. Toda actitud de desobediencia que lleve a la persona a vivir en pecado, (practicándolo) lo puede llevar a perder la oportunidad de participar en el arrebatamiento de la Iglesia.

Hablar de las tenciones, puede ser un tema incómodo de hablar, ya que a nadie le agrada saber que la tentación ha llegado a tocar la puerta de su vida. Sin embargo, nadie puede decir que jamás ha experimentado una tentación, aunque esto también puede resultar difícil de explicar, por que de uno y otra manera, la tentación siempre se activa y llega a las vidas.

La tentación ataca el plano humano de la persona.

Tú tentación estará enfocada en el plano humano; para que sea duramente golpeado lo que anteriormente fue una cautividad. Durante el tiempo que permanece la tentación la tienes que resistir. La tentación ataca la naturaleza caída.

Entonces Satanás para poder diseñar una tentación humana, observa nuestro desarrollo y según lo que él logra ver, logra reunir los elementos necesarios de tipo natural para podérselos presentar al hombre o a la mujer.

Por eso es que cuando Satanás lanza una tentación, lleva un 99.99% de posibilidades que logre hacer tropezar a la persona que se lo lanza. Eso significa que de un grupo de diez personas que están siendo tentadas, posiblemente sólo uno logre resistir la tentación. No obstante el deseo de nuestro Señor Jesucristo es que todos resistan la tentación.

Es interesante ver la forma en la que una tentación puede llegar a las vidas: porque Dios no permitirá que Satanás lance una tentación para tocar la puerta si no se ha tenido algún vínculo de pecado en el pasado y que de alguna manera se manifiesta una debilidad en esa determinada área.

Si embargo debes de tener presente que juntamente con esa tentación, Dios te envía la salida.

Eso sí, depende del hombre si tiene la capacidad para resistirla y esa es precisamente la clave; porque no todos tienen la capacidad para resistirla, considerando que la tentación no es el pecado, sino la antesala del pecado; es como una entrada antes que sirvan el plato fuerte de una comida.

Por eso es que la misma Biblia dice que nadie debe decir que al momento de ser tentado, es por Dios, *"porque Él no puede ser tentado por el mal y no tienta a nadie"*, lo cual es otro principio que debemos distinguir porque algunos confunden lo que es una tentación y lo que es una prueba.

Alguien podría estar delante de una tentación y si no logró resistirla, después puede juzgarla como si fuera una prueba, precisamente por no saber distinguir entre una cosa y otra.

El hombre a través de los tiempos, no ha tenido la capacidad para poder interpretar o descubrir la tentación que Satanás puede lanzar a su vida y es ahí precisamente donde se falla. Porque en lugar de desenmascarar las obras de las tinieblas, lo que se cree, es que ha tenido una prueba y trata de enfrentarla, realmente lo que se debería hacer es huir de la tentación. Lamentablemente, por la falta de conocimiento, se pretende ser muy espiritual o muy fuerte y se desconoce las *ardides* de Satanás.

Santiago 1:15-16 [LBLA] Después, cuando la pasión ha concebido, da a luz el pecado; y cuando el pecado es consumado, engendra la muerte. Amados hermanos míos, no os engañéis.

La intención de Satanás es presentar la tentación para que se despierte en el hombre los recuerdos que aún puedan haber dentro de él, y que como consecuencia lo pueda llevar a concebir el pecado. Esto lo que hace es, que se engrandece la muerte, que mata el alma y aún puede en determinado momento producir, la muerte física.

Aún con todo lo que hayamos visto hasta el presente de este tema, es necesario que también veamos lo que es una tentación, y para ese efecto, describiremos lo que los diccionarios seculares puntualizan como tentación:

Tentación *- Es un estimulo que induce a obrar mal; impulso repentino que excita para hacer una cosa.*

Ahora bien, el objetivo de la tentación es; como ya lo señalamos, ***una antesala de pecado donde el enemigo intenta manipular la mente de la persona.***

La palabra tentación en el Nuevo Testamento se menciona únicamente doce veces, y tanto el Señor Jesucristo como los apóstoles utilizaron esta palabra para dar una formación doctrinal, enseñando como es. Igualmente la forma de resistirla y no ceder ni caer en ella.

Estamos viendo principios y doctrinas establecidas por la Palabra, con respecto a la tentación, pero como dice en la carta de Santiago "*que cada uno es llevado a la tentación por las propias pasiones*" y concupiscencias que se mueven dentro de cada uno. El Señor quiere librarte de ellas, pero la incidencia del pecado te lleva a que caigas. Una pasión es algo que está dentro de la vida de una persona totalmente fuera de control.

Para profundizar en el tema consideraremos este texto:

1 Corintios 10:13 [BNC] *...no os ha sobrevenido tentación que no fuera humana, y fiel es Dios, que no permitirá que seáis tentados sobre vuestras fuerzas, antes dispondrá con la tentación el éxito, dándoos el poder de resistirla.*

1 Corintios 10:13 [Jer1998*] *No habéis sufrido tentación superior a la medida humana. Y fiel es Dios que no permitirá seáis tentados sobre vuestras fuerzas. Antes bien, con la tentación os dará modo de poderla resistir con éxito.*

Basado en estas dos versiones, se puede ver que toda tentación tiene un diseño humano, no es una tentación sobrenatural. de tal manera que no se tenga las fuerzas para poder resistirla, y por ser humana, hay una salida. Al permitir Dios que el diablo pueda tentar (a la medida de la resistencia de cada uno) eso nos indica que el Señor pone también la salida. La tentación la pone el tentador y él no es humano, sino que pertenece a una esfera espiritual diferente a la humana, entonces se puede entender que te enviará una tentación traída por un ser espiritual diferente a ti, pero con un diseño humano. Para que esto suceda Satanás se ha tomado más de seis mil años en observar la debilidad del ser humano y puede dedicarle tiempo para observar a cada uno específicamente y para cumplir el propósito de que el humano caiga en el pecado.

Dentro de la enseñanza que contiene este versículo, es que Dios no permitirá que seas tentado sin que antes dispongas de la salida de escape la cual encontrarás en la Biblia.

Lo hace revelando, el cómo es que el enemigo ataca en la vida de cada persona, por lo tanto es necesario estar apercibidos en todos los círculos en que las personas se mueven, porque por donde menos lo espere, por ahí puede el enemigo preparar una tentación para hacerle caer en pecado.

Es de vital importancia conocer lo que el enemigo puede hacer y también cuál es la diferencia entre la ***tentación y lo que es la prueba***. Partiendo de eso, analizaremos dos versículos que te asegurarán claramente la diferencia que existe entre una y otra condición.

DIOS NO TIENTA A NADIE

Santiago 1:13 LBLA *Que nadie diga cuando es tentado: Soy tentado por Dios; porque Dios no puede ser tentado por el mal y El mismo no tienta a nadie.*

EL DIABLO ES EL TENTADOR

Mateo 4:1-3 LBLA *Entonces Jesús fue llevado por el*

Espíritu al desierto para ser tentado por el diablo. Y después de haber ayunado cuarenta días y cuarenta noches, entonces tuvo hambre. Y acercándose el tentador, le dijo: Si eres Hijo de Dios, di que estas piedras se conviertan en pan.

Cuando alguien pasa por una prueba, Dios permite que de ella, se obtengan frutos:

- Puede ser el carácter aprobado
- La fe afirmada
- La persona es llevada a otro nivel espiritual

Mas cuando viene la tentación, a diferencia de la prueba, es que no deja fruto y sí un marcado grado de culpabilidad. A veces destruye la fe, y reduce la vida de lo que se ha alcanzado en niveles de desarrollos espirituales.

Con esto básicamente se puede notar la diferencia entre la prueba de parte de Dios y la tentación de parte del diablo; es importante analizar también qué es lo que ha dejado (en el alma) en determinadas situaciones que se haya vivido.

Una vez que se ha visto la diferencia entre prueba y tentación, es importante analizar lo que es "la tentación de las promesas", la cual es otra de los tipos de tentación con que el diablo se manifiesta.

Podemos decir que es una de las más ofensivas que Satanás tiene en su repertorio, la utiliza cuando la persona carece de entendimiento acerca de las promesas de Dios. Para este efecto el texto siguiente dice:

Mateo 4:9 LBLA *...y le dijo: Todo esto te daré, si postrándote me adoras.*

De la mucha riqueza que se puede obtener en cada versículo, leer este texto es de suma importancia porque conlleva al hecho de que se le rinda a Dios toda la adoración. Esto fue algo que inclusive Satanás podía entender y fue por eso que le pide a Jesús que lo adore. Dentro de la adoración existe el reconocimiento del señorío, y que no existe nadie más importante que el mismo Dios Todopoderoso. Es por esta razón misma que Satanás pide a Jesús la adoración, porque el diseño que tiene la tentación de la promesa es hacerle caer en la trampa de una promesa que él ofrece.

Lo que sucedió con Jesús, cuando Satanás le ofrece todos los reinos del mundo era que no tenía necesidad que fuera a la cruz a sufrir y mucho menos que descendiera al lago de fuego a padecer. En otras palabras: *le estaba diciendo que no era necesario que esperara nada para alcanzar cosas que le habían ofrecido.*

El problema sigue siendo que nadie está exento de tentaciones, (por eso hay que saber como bregar con ellas). Incluso el Hijo de Dios, nuestro Señor Jesucristo el Santo, fue tentado en todo, pero a diferencia de nosotros. Jesús fue tentado sin que el pecado estuviera engendrado dentro de Él.

Esto mismo es lo que sucede con muchas personas, caen en la tentación porque les han ofrecido algo, pero no supieron esperar el tiempo de Dios para recibirlo y en su lugar, le prestaron atención a las ofertas del diablo. Cuando el diablo conoce lo que la persona ha estado deseando por mucho tiempo y no lo ha logrado alcanzar él sabe aprovechar la falta de discernimiento para poder lanzar la tentación de la promesa. Sea esto material o sentimental.

El punto a lo que estamos tratando de llegar es que existen diferentes tipos de tentación, diseñadas bajo los esquemas de lo que Satanás ha observado desde el nacimiento, trabajando una tentación diseñada para cada uno.

Pongamos un ejemplo: quizás alguien ha estado deseando toda la vida el hecho de ser feliz pero nunca lo ha alcanzado, de pronto, se acerca el enemigo para ofrecer superficial o temporalmente una felicidad, porque sabe que la persona es es lo que está buscando, y puede cambiar lo que sea con tal de alcanzar ese deseo.

Se debe comprender que cuando Dios decreta promesas, lo primero que debe haber en la persona es la paciencia, porque Dios promete, pero también quiere ver, que tan grande es la fe que tiene el receptor para esperar en Él.

El problema con esto es que Satanás conoce las actitudes de las personas, lo cual no siempre manifiestan la paciencia y cuando la descubre, es cuando llega con mayor facilidad a ofrecer "una falsa promesa de forma inmediata", sabiendo que puede obtener lo que él desee, porque lamentablemente el ser humano está acostumbrado a que las cosas se resuelvan en el momento, (aunque al final no lo alcance), queriendo lograrlo de forma fácil y rápida.

Para que tu corazón no se desvíe o se endurezca fascinado por lo que te ha ofrecido el enemigo; debes esperar en Dios en todo momento, sin estar afanado por recibir sus promesas, para estar listo en el momento en que lleguen.

Lleguen hoy o lleguen el día que lleguen, las promesas de Dios, se debe continuar buscando y esperando. Busca el rostro de Dios para adorarlo, alabarlo en todo tiempo. Sobre todo, buscar la forma de complacer los deseos del Señor tu Dios, es ahí entonces cuando llegan las promesas.

Nunca tienes que ser movido de tu forma correcta en Dios de ver las cosas.

Si tienes el corazón enfocado en las cosas materiales en lugar de las cosas eternas, ni siquiera Satanás se aprovechará de verte afanado en espera de recibir algo.

Él puede planificar un engaño muy bien orquestado y presentarte una trampa la cual no vas a poder discernir, lo puedes ver en el ejemplo de lo que sucedió con Jesús estando en el desierto; Satanás se enfocó en la humanidad que representaba Jesús y pensó que podía hacerle ofrecimientos de ese ámbito, solo con la intención para hacerlo caer en la tentación. Él sabía que Jesús con necesidades humanas, podía ofrecerle cualquier cosa a cambio que lo adorara, por eso le ofrece los reinos del mundo, sin embargo el que salió engañado fue el mismo diablo, porque Jesús no reinará sobre reinos, sino que reinará sobre un solo reino eterno y eso es algo que el diablo aún no comprende.

Con respecto a ti, no se detiene en buscar la forma de estorbar el plan de Dios para tu vida; Satanás se ha compenetrado en ofrecerte "*promesas*" que son tentaciones, y lo hace de una forma en la que pretende hacerte creer, que no existe peligro al aceptar lo que él tiene (su plan), en otras palabras sus ofrecimientos no tienen consecuencias, más la realidad es otra. Cuando Satanás te ofrece algo, (tiene un trasfondo engañoso de tinieblas) buscará la forma en que la *consecuencia* no se vea a simple vista.

LA SUTILEZA EN LA TENTACIÓN PARA LOS JÓVENES

Un ejemplo es la juventud hoy en día, que ha sido muy engañada con el hecho de hacerles creer que pueden conocer el área sexual de sus vidas empezando a practicarla, (creyendo que nadie lo sabrá), sin saber que en la primera oportunidad que se les presenta, (en el caso de los jóvenes varones), pueden ser contagiados de una enfermedad venérea o peor aún, ser contagiados del SIDA.

En el caso de las jóvenes señoritas, en la primera experiencia, podrían resultar embarazadas y de igual forma ser contagiadas de cualquier enfermedad ó también del SIDA, *entonces si habrá consecuencias.*

Otra forma de engaño es cuando se les ofrece drogas, si es alguien que está sumido en problemas, lo más fácil que les ofrecen es que con esa droga olvidarán sus problemas, y si no tienen problemas, les dicen que con la droga estarán sintiéndose superior a los demás o cualquier otra excusa mentirosa. Dicho en otras palabras, "la tentación de la promesa", es el pago que Satanás ofrece, aunque sea muy simple, como el hecho de una emoción o un sentimiento de placer o escape, una falsa promesa que dice: por un momento olvidarás cualquier problema en el que estés sumido. Sin embargo es de entender que, de cualquier cosa que te pueda atar tienes que despojarte por completo de ella, cualquier tipo que sea; sexual, drogadicción y muchas mas que él te pueda traer.

La estrategia de Satanás de prometer cosas, es muy antigua; promete alcanzar metas, pero no dice qué existe detrás de esa meta.

La tentación de la promesa no llega solamente a la juventud, sino que también llega en medio del matrimonio. Lo hace susurrando al oído, haciendo ofrecimientos de una mejor vida matrimonial, una mejor atención por parte del cónyuge y basándose en eso, llegan a caer en la tentación.

EL EJEMPLO DE LOS FIELES

Puedes leer en la Biblia que hubo hombres que pudieron guardar su vida. Eso lo leemos en hebreos:

Hebreos 11:25 LBLA ...escogiendo antes ser maltratado con el pueblo de Dios que gozar de los placeres temporales del pecado...

Moisés tenía muy bien definida su tarea en la tierra, una vez que Dios lo llamó como el libertador del pueblo de Israel y aunque tuvo problemas, prefirió seguir en aquello a lo cual Dios lo había llamado y seguir su proceso (estando en la tierra), y no desviarse por un momento de placer. Existe otro ejemplo de lo que sucedió con Adán y Eva:

Génesis 3:5 LBLA Pues Dios sabe que el día que de él comáis, serán abiertos vuestros ojos y seréis como Dios, conociendo el bien y el mal.

El diablo logró mover el corazón de aquella primera creación y ponerse en contra de Dios. Satanás mismo había querido ser como Dios y como no lo logró quiso hacer que la creación de Dios, fuera seducida para poder alcanzar lo que él no pudo; (ser como Dios) lo que Adán y Eva no sabían era, acerca de las consecuencias del engaño de Satanás. Solamente pensaron saciar su curiosidad, perdiendo así la comunión que tenían con Dios o sea, que arriesgaron la calidad de vida que tenían, y lo perdieron todo por nada.

Lucas 9:54-56 [LBLA] *Al ver esto, sus discípulos Jacobo y Juan, dijeron: Señor, ¿quieres que mandemos que descienda fuego del cielo y los consuma? Pero El, volviéndose, los reprendió, y dijo: Vosotros no sabéis de qué espíritu sois, porque el Hijo del Hombre no ha venido para destruir las almas de los hombres, sino para salvarlas. Y se fueron a otra aldea.*

A veces se comete el error de levantarse para pelear en contra de quien no se debe porque no se entiende completamente quienes somos y para qué hemos venido a la tierra.

Cuando eso sucede, de pronto te ves en problemas y complejos diferentes; porque has sido engañado por Satanás en la forma sutil que él solo lo puede hacer. Esta es una de las razones por las que deberías clamar a Dios, para que pueda derramar sobre ti un nivel mayor de discernimiento, y también orar para que no seas presa fácil del enemigo, sino todo lo contrario que puedas levantarte en batalla pero no con la persona, tiempo y lugar equivocado.

Por eso es que Dios desea que dependas de Él ciento por ciento, porque en guerra espiritual es de permanecer, resistir y llegar hasta el final victorioso en nombre del Señor Jesucristo.

Para eso también debes estar caminando a cuentas con Dios, entregándole todas las áreas de tu vida para que las gobierne, porque en Él no hay despropósitos. El Señor Jesucristo tiene todo debidamente ordenado, solamente debes rendirte por completo a su voluntad, para alcanzar el gozo del cumplimiento de sus promesas.

CAPÍTULO 9

LOS ESQUEMAS DE LAS SIETE TENTACIONES

Una vez que hemos presentado la forma de las tentaciones en general, ahora analizaremos con mas detalle, cómo es que el enemigo las presenta, dónde las crea y qué elementos utilizará para cada persona.

Para ello describiremos las siete formas de presentar la tentación:

LOS ESQUEMAS DE LAS SIETE TENTACIONES

1- La tentación de lo posible.
2- La tentación de la demostración.
3- La tentación de la protección.
4- La tentación de la opción o las opciones.
5- La tentación de la promesa.
6- La tentación del potencial.
7- La tentación de perversión.

1.- LA TENTACIÓN DE LO POSIBLE

En la Tentación de lo Posible, es donde Satanás después de observar, ve la posibilidad de que la persona haga todo lo que él desea. *Que el tentado le responda por la presión de la tentación.*

JESÚS Y LA TENTACIÓN DE LA POSIBILIDAD

Una de las cosas que posiblemente se nos haya convertido en un tema difícil de comprender es el momento cuando Jesús después de haber sido bautizado, es llevado al desierto por el Espíritu para ser tentado por el diablo. Simplemente por un análisis humano ésto es difícil de comprender. Cuando lo vemos por el Espíritu podemos ver que realmente la tentación de Jesús no está vinculada a batallas de tipo carnal (como sucede con la humanidad); pero sí está relacionada con "*la posibilidad.*"

Entonces, si Jesús siendo santo fue tentado, nosotros que aún estamos en un proceso de santidad, (el cual a veces lo vemos demasiado lento porque nosotros mismos interferimos); también estamos sujetos a ser tentados.

No obstante, si en realidad anhelas la santidad, entonces te debes de esforzar en resistir la tentación porque quizás sabes de qué forma el diablo te la puede presentar. Para llegar a ese punto, debes tener cierto interés en averiguar que diseño es el que el diablo puede utilizar en contra tuya; para que estés alerta y puedas tomar la vía de escape que nuestro Señor Jesucristo te proveerá. Siendo así, no significa que te quedes esperando ver cómo pasa la tentación, porque tienes el antídoto llamado "*salida de escape*". Se trata que también estés alerta para saber el momento en que se te presentará. Lo que el diablo busca es, hacerte caer y estorbar lo que quizás estés por recibir. Lo que deseas y has estado pidiendo tanto a Dios, pero el diablo se ha propuesto bloqueártelo.

Un ejemplo lo podemos ver con Jesús, porque después de haber sido bautizado y haber resistido la tentación de Satanás, alcanzó el nivel que el Padre buscaba ver en Él. Con eso, automáticamente fueron activados los siguientes tres años y medio de ministerio de Jesús haciendo milagros, maravillas y prodigios como nunca jamás se había visto sobre la tierra a favor de la humanidad.

Jesús realizó lo que el plan del Padre en estos años tenía propuesto:

- Pasaron a la luz, las almas que estaban en tinieblas
- Endemoniados fueron libres
- Enfermos fueron sanados
- A los cautivos les fueron rotos los grilletes, para darles una nueva oportunidad de vida,

diferente a la esclavitud que habían vivido.

Notemos que en el desierto mientras fue tentado, no utilizó el poder divino para vencer sino que, como fue una tentación de carácter humano, entonces Dios estaba exento. Pero nosotros no estamos exentos, lo que a nosotros nos corresponde es averiguar de qué forma lanzará el diablo la tentación para estar alertas y poder ver la salida de escape que Dios nos proveerá.

Porque es ineludible que la tentación llegará y cada uno de nosotros sabemos qué tipo de tentación nos puede llegar. Por consiguiente es a cada uno, que más le interesa saber por dónde vendrá la salida que Dios les ha prometido.

Como dijimos en la Tentación de lo Posible, es donde Satanás después de observar, ve posibilidad de que la persona haga todo lo que él desea. *Que el tentado le responda por la presión de la tentación.*

Mateo 4:3 [LBLA] *Y acercándose el tentador, le dijo: Si eres Hijo de Dios, di que estas piedras se conviertan en pan.*

¿Cuántos de nosotros hubiéramos resistido la tentación, en medio de una época de mucha hambre; sin estar en el desierto, sino en el mismo lugar donde hoy podemos estar? Que de pronto llegue el tentador a decirnos que si somos un ungido de Jehová, que convirtamos los objetos que tenemos a nuestro alrededor, en comida para saciarnos y ¿seríamos capaces de resistir la tentación?, para comenzar, nosotros no tenemos el poder de Dios para hacer eso, sin embargo Jesús sí tenía todo el poder necesario y pudo haber manifestado su divinidad en determinado momento y el diablo no le hubiera podido señalar absolutamente nada; sin embargo no lo hizo, Jesús siendo hombre, resistió para dejar el más grande ejemplo, aunque tenía cuarenta días y cuarenta noches en el desierto en completo ayuno. Era natural que sintiera hambre y el diablo basándose en eso, lo quiso tentar *activando la posibilidad* de lo que para ese momento Jesús podía hacer.

El ejemplo lo vemos cuando tentó al Señor Jesucristo diciéndole que convirtiera las piedras en pan, había un porcentaje muy alto de que Satanás consiguiera ese propósito… ¿Por qué? Porque Jesús estaba ayunando y como el Señor estaba en una faceta humana tenía hambre, entonces Satanás le mide la faceta humana y observa que al presionarlo por el hambre, Jesús sacara poderes divinos y le obedeciera convirtiendo las piedras en pan para saciar el hambre que tenía. Entonces la presión de la tentación vino por la necesidad y el deseo de saciar una necesidad humana. (pero el Señor venció como siempre lo hace y no cedió a la tentación)

Hay que tener cuidado con las necesidades y deseos, especialmente los que no se te llenó cuando eras niño. Porque entonces se crece con un vacío en el alma y más adelante esa necesidad obligará a ceder a la tentación para saciar esa necesidad que es el deseo del cual se carece.

Así le sucedió a Sansón, cuando el ángel le dio instrucciones a su madre de lo que debía y no debía de hacer o comer. Entonces el alma de Sansón creció aparentemente carente de ciertos placeres y cuando la tentación llegó, se desbocó a probarlos, aún sabiendo que era "un nazareo" que no podía tomarse ciertos placeres; se tomó libertades que no podía darse (porque había sido apartado para Dios).

Es muy importante que nosotros mismos tengamos el control de nuestras necesidades y deseos para que el diablo no tenga el control de nuestra posibilidad y decirnos que nos merecemos gratificarnos con ciertas cosas porque la intención es llevarnos a pecar.

2.- LA TENTACIÓN DE LA DEMOSTRACIÓN

El Señor Jesús tuvo que ser tentado, porque Él era el postrer Adán, el primer Adán no soporto la tentación, se le presentó la tentación en el huerto y Satanás logró su cometido. Esa misma estrategia la viene aplicando Satanás a través de los tiempos y también se la presentó al Señor Jesús. El enemigo sabe que el esquema de las tentaciones tienen la misma influencia de hacer caer a una persona o a miles, si éstos desconocen los esquemas. Pero el Señor Jesús si los conocía.

Imaginémonos la tentación de Eva, ella vió que el fruto del árbol era bueno para comer, el fruto era bueno para alcanzar sabiduría.

Démonos cuenta que atacó a la mujer porque la mujer tiene un sexto sentido, pero si Adán hubiera sido el primero que fuera tentado por una culebra, Eva se hubiera dado cuenta de la mala intención de ésta, y le hubiera dicho a Adán: "*...ten cuidado mira como te está coqueteando*" - le hubiera advertido. En cambio la mujer no puede aplicar ese sexto sentido en sí misma, ella siempre quiere andar descubriendo que hay más allá, por eso fue que la serpiente le presentó el árbol de la sabiduría diciéndole que el fruto era bueno y que le iba a dar el poder para saber entre el bien y el mal, y por la curiosidad y el saber que hay más allá, ella cedió a la tentación así que el diablo supo a quien iba dirigida la tentación, porque conoce el diseño del hombre y de la mujer.

Ahora viene Jesús (el postrer Adán) y le toca a Él demostrarnos que se puede vencer la tentación y tiene que pasar, llevando el vituperio de la vergüenza de que a un hombre (Adán) con valores se le ofrezca algo que va en contra de sus principios, que a una mujer piadosa, santa (Eva) se le ofrezca algo que va en contra de sus principios, es algo vergonzoso, se están burlando de ella. Entonces la tentación toma otro giro eso fue exactamente lo que vio Satanás y los tentó con "*la Tentación de la Demostración*". Por eso hay que conocer la secuencia de las tentaciones, porque la tentación en sí no es solo una; es un conjunto, un esquema, forma parte de un plan. A Jesús le presentó la primera tentación y no lo logró convencer, entonces sube de tono la tentación y le presenta la siguiente a la cual llamamos "*la Tentación de la Demostración*". La primera tentación iba basado en decirle, "*...dile que estas piedras se conviertan en pan*" y la siguiente dice la Biblia en Mateo 4...."*Si eres hijo de Dios*"... la segunda es demostrar: Quién eres.

La primera fue: Estás necesitado de esto... es posible que puedas obtener lo que tú quieres, dile a estas piedras que se conviertan en pan.

Lo que Satanás hace con la tentación es tratar de poner en duda nuestra vida, de manera que el diseño de esta segunda tentación es provocar una duda, para forzar a la persona a demostrar en su ego quién es él. Comprobar quien dices tú que eres, quien eres realmente, demostrar a todos quienes somos.

La estrategia de Satanás en este segundo paso es inyectar duda, la pareja en el huerto dijeron: "*...no podemos ni siquiera tocar ese fruto, está prohibido*" y el enemigo utilizando la estrategia les dijo: *Lo que sucede es que si ustedes comen de ese fruto se les abrirán sus ojos y serán como Dios.* Los engañó, les puso duda y ellos pensaron que como fueron hechos a su imagen y semejanza, que eran como Dios.

Una de las formas que cedemos a la tentación es cuando se ponen en duda o en entredicho lo que somos. Lo mismo sucedió cuando tentó a Jesús diciéndole: *sí eres hijo de Dios lánzate porque escrito está que a sus ángeles mandará cerca de ti que te guarden en todos tus caminos.* Estaba metiendo duda en el corazón del Señor Jesús, - diciéndole: "*si es verdad quien dices que tú eres, demuéstralo*", es una tentación con manipulación. Las dos veces que tienta a Jesús le quiere sembrar duda de quién es Jesús diciéndole: *Sí eres hijo de Dios…* y ese es el problema nuestro, cuando pone el enemigo duda en nuestro corazón, ¿de quién somos, podemos caer en hacer cosas que ya no son parte de la identidad de quienes somos, con tal de demostrar que sí podemos.

La Tentación de la Demostración es una tentación con manipulación, cuando ponen en duda nuestra identidad allí hay una manipulación con camuflaje.

Lo que está tratando es provocar y obligar a la persona a que haga algo prohibido para demostrar que es, lo que se dice ser.

¿Cuantos jóvenes ceden a probar las drogas, el alcoholismo, el sexo ilícito por no saber decir que no, demostrando así que si puede. Un creyente del cual todos dudan, hace cosas que ponen en riesgo aún su vida para demostrar que si puede, cuando le están incitando a desafíos que son una tentación.

También cuando uno de los conyugues critica a su propia pareja, la está incitando a caer en la tentación, a que le demuestre quién es verdaderamente y ceda ante la tentación tratando de demostrar que otra persona si puede valorar lo que tiene y empieza hacer cosas fuera de la voluntad de Dios.

La victoria está en que vivamos de acuerdo a lo que Dios dice de quien somos nosotros, sin importar de lo que los demás digan de nuestra verdadera identidad.

Si Satanás llega a sembrar duda de quien eres, estás a un paso de caer en la tentación.

Debes de tener mucho cuidado en estar pidiendo opiniones de que si estuvo bien o no lo que hiciste, porque ésto es una puerta a la tentación, debes de tener la certeza que lo que hacemos es para agradar a Dios y por lo mismo debemos hacer bien las cosas.

Hay algo muy importante que debemos de saber, habrán momentos donde si, debemos demostrar quienes somos, qué hacemos, sin hacer un alarde de nuestra vida para convencer a otros, sino basándonos en lo que la Biblia dice que hagamos.

1 Juan 3:2-3 LBLA *Amados, ahora somos hijos de Dios y aún no se ha manifestado lo que habremos de ser. Pero sabemos que cuando El se manifieste, seremos semejantes a El porqué le veremos como El es. Y todo el que tiene esta esperanza puesta en El, se purifica, así como El es puro.*

¿Cuál es nuestra razón verdadera para demostrar quienes somos? La vida de purificación.

Aunque aún no se haya manifestado lo que habremos de ser, tenemos la fe y la promesa de que un día seremos semejantes a Él. Mientras tanto vamos en un proceso de perfección. Lo que debemos de mostrar es que somos hijos de Dios, no participando de las obras infructuosas de las tinieblas. ¿Sabes quién eres? ¿Sabes para que naciste? ¿El propósito por el cual estás aquí en la tierra? Esto lo tienes que saber y guardar en tu corazón, porque si te ponen duda de quien eres, o que propósito tienes, tratarás de hacer muchas cosas queriendo demostrar quien eres y no recibirás la recompensa porque Dios no te lo mandó a hacer.

Te tienes que valorarte a ti mismo, creer en lo que Dios dice en su Palabra que eres, porque el diablo te va a decir: Si eres hijo haz tal cosa o tal otra... o bien diciendo ¿no eres hijo de Dios y no tienes ni para pagar la renta del apartamento?. Pero si guardas lo que Dios te ha dicho, vas a creerle y a tener paz. "*Dios no es hombre para mentir ni hijo de hombre para arrepentirse*", además dice la Biblia: .. el que no provee para los suyos, es peor que un infiel porque la fe negó y eso lo aplica Dios para sí mismo, por eso Dios se presenta en una de sus manifestaciones como el proveedor.

Números 23:19 LBLA Dios no es hombre, para que mienta, ni hijo de hombre, para que se arrepienta. ¿Lo ha dicho El, y no lo hará?, ¿ha hablado, y no lo cumplirá?

1 Timoteo 5:8 LBLA Pero si alguno no provee para los suyos, y especialmente para los de su casa, ha negado la fe y es peor que un incrédulo.

No se le debe demostrar al diablo que eres hijo de Dios, porque ya lo eres por la fe en el Señor Jesucristo. Puesto que Él pagó el precio en la cruz del calvario por todos nosotros. ¿Has caído alguna vez en "la Tentación de la Demostración", tratando de demostrarle a alguien lo que crees de ti mismo? Lo que debes tener es la certeza de que realmente eres hijo de Dios. Esta tentación se vence con estar seguros de quién realmente somos.

3.- LA TENTACIÓN DE LA PROTECCIÓN

Mateo 4:5-6 LBLA Entonces el diablo le llevó a la ciudad santa, y le puso sobre el pináculo del templo, y le dijo: Si eres Hijo de Dios, lánzate abajo, pues escrito está: "A SUS ANGELES TE ENCOMENDARA", y: "EN LAS MANOS TE LLEVARAN, NO SEA QUE TU PIE TROPIECE EN PIEDRA."

El diseño de esta tentación: *es forzar al creyente hacer algo con mucho riesgo, con la idea de que nada negativo le pasará porque Dios lo entiende y le protege del peligro.*

Esta tentación pone una falsa idea de la protección de Dios para nuestra vida, es decir no importa lo que nosotros hagamos el Señor siempre nos va a proteger. A Satanás no le importa que tengamos protección para nuestra vida, a él no le importa que Dios haya dicho que nos va a proteger, él no está tratando de saber si estamos protegidos o no, lo que trata es: "*...que caigamos en la idea de que nada malo nos pasará si le desobedecemos a Dios*". Llama la atención la estrategia que utiliza, que si hacemos algo malo y no nos pasa nada.

Al enemigo le conviene esto porque tiene la excusa de decirnos que podemos hacer ciertas cosas malas y que nada nos va a suceder.

A él le conviene que te hundas haciendo lo que a Dios le desagrada, mientras sigues en el engaño, de que "no es tan malo". Al mismo tiempo involucras a muchas personas más, porque ven que nada malo te sucede, y eso no es más que una oscura y falsa estrategia.

A Adán y a Eva los engañó diciendo que si comían del fruto del árbol prohibido no morirían y efectivamente no murieron físicamente, pero sí lo hicieron espiritualmente.

No toda la gente tiene consecuencias negativas, la primera vez que comete una falta a Dios, por eso se atreven a decir: no nos pasó nada, pecando, defraudando, humillando, llegando a la iglesia y después saliendo a pecar.

No les pasa nada porque el diablo les prometió en su subconsciente que no les pasaría nada, pero lo que está haciendo el enemigo es que acumulen pecado tras pecado y que la salida de su atadura, sea mucho más difícil cada día. Dios lo permite por algún motivo.

En cambio hay personas que cometen una falta y de inmediato viene la reprensión del Señor. Éstos son los que son sensibles al Espíritu Santo.

Salmos 91:11-12 LBLA *Pues El dará órdenes a sus ángeles acerca de ti, para que te guarden en todos tus caminos. En sus manos te llevarán, para que tu pie no tropiece en piedra.*

Cuando leemos este versículo y los versos siguientes vemos la victoria que nos prometió el Señor Jesucristo. Él mencionó que nos guardaría no solo de no tropezar con piedras, sino que daría la victoria sobre el cachorro del león y la serpiente y el significado es: Jesús es: una mayor autoridad y Él no puede tropezar con piedra ya que Él es la piedra donde está edificada nuestra fe.

La piedra que los edificadores habían desechado era Jesús. ¿*Cómo* Él mismo iba a tropezar con su propio principio? El enemigo lo quería hacer tropezar con "*sus propios principios*", y la promesa de Dios es... "*Por cuanto en mi ha puesto su amor, yo entonces lo libraré; lo exaltaré; lo pondré en alto por cuanto ha conocido mi nombre. Me invocará, y le responderé; yo estaré con él en la angustia, lo rescataré y lo honraré; lo saciare de larga vida, y le haré ver mi salvación...*"

Salmos 91:13 LBLA Sobre el león y la cobra pisarás; hollarás al cachorro de león y a la serpiente.

El principio de este texto lo ocultó Satanás y sólo le mencionó que enviaría el Señor a sus ángeles para que no tropezara su pie, pero el principio de autoridad de Jesús era que Él mismo, pisotearía a la serpiente, al león y al cachorro de león que es el mismo diablo, basándose en el amor que Jesús mantenía hacia el Padre y que por amor a Dios no le fallaba.

No hay otra cosa más preciosa que decidir, el no fallarle a Dios por demostrar el amor que le tenemos.

El amor hay que equilibrarlo con el temor, esa es la balanza de la vida: "teme a Dios y ama a Dios". Aunque exista una promesa de protección para nosotros, el peligro prevalece al jugar con la promesa. La realidad de la tentación es que al caer en ella el pecado será seguro y Dios nos promete librarnos de la tentación. Pero Dios nunca nos ha prometido protegernos de la consecuencia del pecado. El pecado siempre tendrá consecuencias. Dios no pasará por alto tus acciones desobedientes, porque aunque no haya una consecuencia física en el momento, por el pecado en si podrá haber daños emocionales, sentimentales; como por ejemplo: la destrucción de una relación, una reputación arruinada, testimonios destruidos. La Biblia dice: *que más vale tener un buen nombre o buen testimonio que muchas riquezas.*

Proverbios 22:1 LBLA Más vale el buen nombre que las muchas riquezas, y el favor que la plata y el oro.

No hay virtud más grande que el mantener un buen nombre, por eso mismo nos debemos de guardar de caer en el esquema de las tentaciones del diablo. Vienen mejores tiempos y debemos cuidarnos de no caer en las trampas que pone a los hijos de Dios, sólo debemos disponernos a guardar las ordenanzas del Señor Jesucristo. Él nunca dejará abandonado al que le busca, nunca dejará a sus hijos avergonzados cuando deciden honrarlo, tenemos que vivir para el Señor.

4.- LA TENTACIÓN DE LAS OPCIONES

Después de haber visto los esquemas de las tentaciones: de la Posibilidad, de la Demostración y de la Protección, el siguiente esquema es el de la Tentación de la Opción o las Opciones.

Las opciones que Satanás ofrece casi siempre le funcionan a él, por cuanto es el padre de toda mentira y son las que "le abren la puerta", eso le facilita a entrar y ver el archivo de las vidas, para tratar de cambiar el destino.

Cuando Satanás presenta opciones al creyente, está tratando de debilitar la *DEFENSA* del hijo de Dios; es decir, si no sale bien lo que hacemos, o las cosas en nuestro pasado, entonces es una oportunidad que Satanás no desaprovecha.

Mateo 4:8-9 LBLA Otra vez el diablo le llevó a un monte muy alto, y le mostró todos los reinos del mundo y la gloria de ellos, y le dijo: Todo esto te daré, si postrándote me adoras.

La tentación de la opción va con la intención de que el creyente menosprecie la promesa o promesas de Dios a cambio de la gran oferta que Satanás ofrece. Claro que la oferta no vendrá como que es del diablo (que frecuentemente lo conocemos), sino que la oferta viene disfrazada como oferta muy tentadora.

La Opción será basada en algo que nos guste, que nunca hemos tenido, aclarando: Las Opciones no todas son malas, sólo aquellas que vienen a sustituir lo que Dios tiene para nosotros.

Por eso dice la Biblia: *1 Corintios 10:12-13* [LBA] *Por tanto, el que cree que está firme, tenga cuidado, no sea que caiga. No os ha sobrevenido ninguna tentación que no sea común a los hombres; y fiel es Dios, que no permitirá que vosotros seáis tentados más allá de lo que podéis soportar, sino que con la tentación proveerá también la vía de escape, a fin de que podáis resistirla.*

La trampa de Satanás es que después de aceptar su oferta hace pensar que la misma será nuestra para siempre.

La Tentación de la Opción tiene una influencia muy poderosa, al grado que queda grabada en la mente por ser una oferta muy tentadora.

Los teólogos llaman el evento de *Mateo 4:8-9 la "Hipérbole"*. La hipérbole: Es una figura retórica que consiste en una exageración intencionada con el objetivo de plasmar en el interlocutor, una idea o una imagen difícil de olvidar.

Lo interesante es que Satanás intenta que se piense que lo que él ofrece será para siempre. Respecto a la tentación tallada *en la mente* Martin Lutero dijo: "Tu no puedes evitar que un pájaro vuele sobre tu cabeza, pero si puedes evitar que haga un nido en tu cabeza", eso significa que quizá no podemos evitar que Satanás lance las tentaciones, pero si podemos evitar que encuentre un receptor.

Las opciones de la vida siempre deben de ir con relación a la eternidad.

LA VERDADERA

Deuteronomio 30:19 [LBLA] *Al cielo y a la tierra pongo hoy como testigos contra vosotros de que he puesto ante ti la vida y la muerte, la bendición y la maldición. Escoge, pues, la vida para que vivas, tú y tu descendencia,*

LA FALSA

Proverbios 23:7-8 [LBLA] *pues como piensa dentro de sí, así es. El te dice: Come y bebe, pero su corazón no está contigo. Vomitarás el bocado que has comido, y malgastarás tus cumplidos.*

Esta tentación va a ser grabada en los hemisferios de la mente.

LOS LADOS DE LA MENTE:

Cuando Satanás desea manipular con tentación al creyente lo hace así:

1. ***Para atacar el hombre lo hace por el lado derecho de su hemisferio, por que el hombre es más inclinado al izquierdo.***

¿Qué representa el hemisferio izquierdo? - Lógica - Razonamiento - Matemática - Lenguaje - Lectura - Escritura - Pensamiento Lineal - Atributos y habilidades - Pensamiento analítico, abstracción - Características cognitivas racionales - Riqueza en el vocabulario, buena gramática y sintaxis - Capacidad de introspección, iniciativa, voluntad - Funciones especializadas, como lectura, escritura, aritmética y habilidades motoras finas - Noción de temporalidad secuencial y precisión - En aspectos psicoanalíticos, calculador y consciente.

2. ***Para atacar a la mujer lo hace por el lado izquierdo de su hemisferio por que ella es más inclinada al lado derecho.***

Hemisferio derecho - Reconocimiento - Caras - Patrones - Ritmo - Visual - Imágenes - Profundidad de campo - Intuición - Concreto - Síntesis Atributos y habilidades - Pensamiento holístico - Características cognitivas de intuición y de creatividad - Funciones especializadas, como facilidad para la música, riqueza imaginaria y onírica, reconocimiento de rostros y gestos - Noción de temporalidad primitiva: vive el aquí y el ahora - Orientación espacial superior, delimita formas, fondos e imágenes - Prototipo Ideal:

LA VICTORIA

Fipilenses 4:8 [BSO] *Por lo demás, hermanos, todo lo que es verdadero, todo lo honesto, todo lo justo, todo lo puro, todo lo Filipensesdo lo que es de buen nombre; si hay virtud alguna, si algo digno de alabanza, en esto pensad.*

5.- LA TENTACIÓN DE LA PROMESA

Definición de la Tentación de la promesa:
Las promesas de popularidad o fama, diversión o fortuna, un sentimiento muy bueno o felicidad del momento.

Mateo 4:9 [LBLA] *y le dijo: Todo esto te daré, si postrándote me adoras.*

- El diseño de esta tentación es caer en la trampa de una promesa.
- Satanás promete algo más realista, agradable e inmediato de lo que podemos imaginar.
- La promesa que acompaña esta tentación es el pago, el premio.
- A veces la promesa es tan simple como una emoción, un sentimiento de placer o un escape, por ejemplo: un hombre que le dice a una mujer casada, *"si se va conmigo tendrás todo lo que deseas"...;* igualmente una mujer le puede prometer a un hombre casado.

Esta tentación es importante porque lleva el engaño para hacer caer en una falsa promesa, llegando a creer que no hay peligro de que ocurran consecuencias negativas, es decir la ausencia de una consecuencia desagradable en caso que falle la promesa que creemos positiva aunque su final sea de muerte.

La Tentación de la Promesa, como la hemos analizado en la sección anterior, Satanás la ofrece especialmente cuando un creyente tiene una promesa de Dios pero que no le ha llegado aún y Satanás ve que la paciencia del creyente se ha inquietado; entonces aparece con aquello que deseamos alcanzar, por eso es que la desesperación de una promesa puede ser caer en la tentación del enemigo y caer en la trampa de que él ofrece.

Otra ejemplo puede ser el testimonio de una persona a la que Dios le prometió un ministerio grande pero le dijo "No vayas a tener hijos con la esclava o sierva" porque morirás...

2 Corintios 7:1 LBLA Por tanto, amados, teniendo estas promesas, limpiémonos de toda inmundicia de la carne y del espíritu, perfeccionando la santidad en el temor de Dios.

6.- LA TENTACIÓN DEL POTENCIAL

Es usar lo que podemos hacer de manera que la tentación está basada en llevarnos para crear lo que queremos usando nuestra creatividad.

La tentación de alcanzar sabiduría: no hay nada de malo en querer alcanzar sabiduría.

Génesis 3:6 LBLA Cuando la mujer vio que el árbol era bueno para comer, y que era agradable a los ojos, y que el árbol era deseable para alcanzar sabiduría, tomó de su fruto y comió; y dio también a su marido que estaba con ella, y él comió.

El diseño de la Tentación del Potencial es obtener las cosas por el camino equivocado, por ejemplo: mucha gente tiene potencial para llegar a hacer cosas aparentemente buenas pero caen en la trampa de un mal camino porque su ingenio los desvía para alcanzar el camino equivocado.

No había nada malo que Eva deseara alcanzar sabiduría... recordemos que Dios se la dio a Salomón.

1 Reyes 4:29-30 LBLA *Dios dio a Salomón sabiduría, gran discernimiento y amplitud de corazón como la arena que está a la orilla del mar. Y la sabiduría de Salomón sobrepasó la sabiduría de todos los hijos del oriente y toda la sabiduría de Egipto.*

Santiago 1:5 LBLA *Pero si alguno de vosotros se ve falto de sabiduría, que la pida a Dios, el cual da a todos abundantemente y sin reproche, y le será dada.*

El problema de Eva es quería alcanzar la sabiduría pero por el camino que no era el adecuado para ella.

POTENCIAL Y POSIBILIDAD

Génesis 16:1-4 LBLA *Y Sarai, mujer de Abram, no le*

había dado a luz hijo alguno; y tenía ella una sierva egipcia que se llamaba Agar. Entonces Sarai dijo a Abram: He aquí que el SEÑOR me ha impedido tener hijos. Llégate, te ruego, a mi sierva; quizá por medio de ella yo tenga hijos. Y Abram escuchó la voz de Sarai. Y al cabo de diez años de habitar Abram en la tierra de Canaán, Sarai, mujer de Abram, tomó a su sierva Agar la egipcia, y se la dio a su marido Abram por mujer. Y él se llegó a Agar, y ella concibió; y cuando ella vio que había concebido, miraba con desprecio a su señora.

- Nuestro potencial es aprovechado por Satanás también.
- Él tratará de conectar nuestro potencial con la posibilidad de que hagamos las cosas yendo por otro camino o de la forma equivocada.

Cuando se obtienen las cosas por el camino incorrecto se cae en la trampa de la Tentación del Potencial y nace el desprecio de lo correcto.

La persona hará todas las cosas por sí misma usando solo su potencial pero, sin el contentamiento de Dios.

Potencial que aprovecha Satanás explota el potencial de la personas.

Posibilidad significa: Ahí está lo que deseamos y nuestra posibilidad se hace realidad. El problema es que Satanás nunca dice que lo vamos a obtener por el camino incorrecto.

El potencial explotado por Satanás le dice a la persona que puede hacerlo porque se merece lo mejor. Por eso es que el corazón del hombre es fácil de engañar, al pensar de esa manera, luego piensa en dinero; gente que cae en negocios fraudulentos que le prometen hacer mucho dinero, incluso se puede llegar a caer en la mentira de juego sucio de las pirámides, invertir en negocios de lavado de dinero, compra de billetes falsos.

Un principio que contiene la tentación es el potencial que cada pecado tiene; hay un porcentaje del potencial de la persona por la inclinación hacia buscar lo que es pecaminoso, claro está que es un potencial manipulado por las tinieblas pero que, su materia prima está en el corazón de cada persona que está siendo manipulada. La Tentación del Potencial es como tomar un atajo para obtener una cosa. Por eso es que, para no caer en esas trampas debemos revisar nuestras ideas, nuestros planes, nuestras metas, para saber si las hemos puesto a los pies de Dios para hacer su voluntad y no la nuestra porque de cualquier forma Satanás tratará de influenciar esas ideas y planes.

En Resumen: Caer en la Tentación del Potencial es hacer las cosas por vanagloria. Cuando el potencial de una persona esta manipulado por una tentación, Satanás lo insensibiliza de tal manera que la persona que cayó en la trampa, no le importa el dolor que va a crear en otras personas, por ejemplo: un adulterio que daña al cónyuge no importa, con tal que la vanagloria de alcanzar el trofeo de conquistar a otra persona, se alcance, sin importar consecuencias; y a partir de ahí, así obtendrá todo en la vida, es decir con potencial mal canalizado.

Debemos saber que con la tentación de nuestro potencial, Satanás convence a la gente de hacer realidad lo que deseamos.

Filipenses 2:3-4 LBLA Nada hagáis por egoísmo o por vanagloria, sino que con actitud humilde cada uno de vosotros considere al otro como más importante que a sí mismo, no buscando cada uno sus propios intereses, sino más bien los intereses de los demás.

7.- LA TENTACIÓN DE LA PERVERSIÓN

Satanás siempre intentará pervertir la verdad de Dios, la Palabra de Dios y lo Dios ha escrito acerca de nosotros.

Salmos 91:11-12 [LBLA] *Pues El dará órdenes a sus ángeles acerca de ti, para que te guarden en todos tus caminos. En sus manos te llevarán, para que tu pie no tropiece en piedra.*

El diseño de la Tentación de Perversión es torcer la verdad.

El diccionario dice que pervertir significa: Volverse fuera de lo que es bueno o verdadero; Torcer el significado o sentido de una cosa.

La perversión significa: Él abusó o mal uso, o mala representación de un diseño original. (Mal uso del propósito original). Perversión: #8397 /tebel/ Significado: confusión, violación de la naturaleza o del orden divino.

PERVERTIR

Observa lo que la Biblia dice:

- Tiene la habilidad de hablar directamente en la corte de Dios (Job 1).
- Memoriza la escritura para usarla en contra de nosotros.

Aquí vemos algo importante: La más efectiva mentira en el mundo, es la que contiene un elemento de verdad a medias y que está trastocado, logra tenernos engañados hasta que nosotros logramos conocer la esencia de la verdad.

Por eso el *Salmo 91:11-12* es verdad, Dios había dicho que daría órdenes para que los ángeles auxiliaran a Jesús.

LA ESTRATEGIA DE LA PERVERSIÓN

La perversión logra efectividad en los creyentes que son niños espirituales y desconocen la verdad. La perversión gana cuando el creyente no le da importancia a conocer la verdad

1 Corintios 14:20 LBLA Hermanos, no seáis niños en la manera de pensar; más bien, sed niños en la malicia, pero en la manera de pensar sed maduros.

Efesios 4:14 LBLA para que ya no seamos niños, sacudidos por las olas y llevados de aquí para allá por todo viento de doctrina, por la astucia de los hombres, por las artimañas engañosas del error.

LA VICTORIA CONTRA LA PERVERSIÓN

Jesucristo citó cuatro veces:
ESCRITO ESTÁ.

Mateo 4:4-10 LBLA Pero El respondiendo, dijo: Escri-

to está: "NO SOLO DE PAN VIVIRA EL HOMBRE, SINO DE TODA PALABRA QUE SALE DE LA BOCA DE DIOS." Entonces el diablo le llevó a la ciudad santa, y le puso sobre el pináculo del templo, y le dijo: Si eres Hijo de Dios, lánzate abajo, pues escrito está: "A SUS ANGELES TE ENCOMENDARA", y: "EN LAS MANOS TE LLEVARAN, NO SEA QUE TU PIE TROPIECE EN PIEDRA." Jesús le dijo: También está escrito: "NO TENTARAS AL SEÑOR TU DIOS." Otra vez el diablo le llevó a un monte muy alto, y le mostró todos los reinos del mundo y la gloria de ellos, y le dijo: Todo esto te daré, si postrándote me adoras. Entonces Jesús le dijo: ¡Vete, Satanás! Porque escrito está: "AL SEÑOR TU DIOS ADORARAS, Y SOLO A EL SERVIRAS."

Necesitamos sostener la palabra de Dios en nuestro corazón, y entonces veremos el cumplimiento de esta palabra:

Mateo 4:11 [LBLA] El diablo entonces le dejó; y he aquí, ángeles vinieron y le servían.

Santiago 4:7 [LBLA] Por tanto, someteos a Dios. Resistid, pues, al diablo y huirá de vosotros.

CAPÍTULO 10

LAS ARDIDES DEL ENEMIGO EN EL MATRIMONIO

Exponer este tipo de tema, se requiere de una estatura espiritual bastante alta, porque son situaciones que por lo regular no se mencionan y por esta misma razón Satanás las utiliza para tentar a las personas de una forma muy sutil, porque no existe mucho material en el cual puedas encontrar información que te ayude a como enfrentar ciertas situaciones en tu propia vida. Es precisamente por todo esto, que he sentido intensamente la necesidad de abordar este tema y de esta manera desenmascarar las obras de las tinieblas, estaré considerando todo esto desde la proyeccion más sencilla hasta la más compleja y en la medida que Dios me permita avanzar, lo haré en obediencia a Él, en base a lo que Él mismo establece por medio de su Palabra y no por principios humanísticos porque en tal caso el enemigo ganaría ventaja sobre todos nosotros.

Al compartir todo esto el motivo que me inspira es, que conozca al máximo acerca de la pureza en la vida íntima, para que puedas tener experiencias correctas y sanas en donde no haya limitaciones dentro de los parámetros de lo que es el verdadero amor, que no carezcas de conocimiento alguno, sino que los tabúes que existian juntamente con las creencias, los mitos y las distorsiones completamente erradas sean eliminadas por completo de nuestras vida por medio de la educación que se necesita en todos los ámbitos. Es importante que puedas conocer como el diablo forma sus esquemas de tentaciones y de esa manera planifica sus ataques hacia la vida de cualquier ser humano y por supuesto en el repertorio del diablo, el ataque específico, es en el área sexual de la vida de hombres y mujeres, porque aunque la pareja de esposos esten felizmente casados en el orden de Dios y seguros con la persona que comparten a diario su vida, no se puede descartar también que en algún momento, tendrán que enfrentarse a algun tipo de tentación de carácter sexual seduciéndolos en la incontinencia.

Obviamente, cuando se utiliza el término incontinencia, no es algo que sea específico para el área sexual y para quitar cualquier duda al respecto, es necesario definir este término para entender en qué otros ángulos de la vida puede entrar la incontinencia y sobre todo poder tener una perspectiva bíblica del por qué se batalla con este problema, incluso estando en un feliz matrimonio.

1 Corintios 7:5 [RVA] *No os neguéis el uno al otro, a menos que sea de acuerdo mutuo por algún tiempo, para que os dediquéis a la oración y volváis a uniros en uno, para que no os tiente Satanás a causa de vuestra incontinencia.*

En este texto se puede ver que existe una tentación en la que puede caer el hombre y la mujer a causa de la abstención sexual; no obstante es importante conocer que existen diferencias que surgen en el matrimonio, y que llevan a que se presenten diferentes tipos de problemas.

1.- ¿CUÁNDO EMPIEZAN LOS CONFLICTOS EN EL MATRIMONIO?

Parecería un tanto extraño el momento donde surgen los primeros conflictos matrimoniales, sin embargo no se puede pasar por alto porque es precisamente cuando se suman los demás integrantes a la familia; y es cuando llega el primer hijo. Después que los esposos, pasan a ser padres de familia empiezan a surgir algunos temas que pueden generar conflictos; uno de ellos es el concerniente a los valores espirituales de los hijos. En ese punto se pueden iniciar las diferencias, porque quizá uno tiene una forma de ver las cosas y el otro difiere de esa manera de pensar según su nivel espiritual. Todo esto causa cierto estrés por la distribución de responsabilidades entre los padres y la forma en la que deben asimilarse estos en la familia. El segundo conflicto que se puede citar es el manejo de la vida doméstica:

2.- ¿CÓMO MANEJAR LOS ASUNTOS COTIDIANOS EN EL MATRIMONIO?

¿QUIÉN HACE LAS COSAS QUE HACE EL UNO Y EL OTRO?

El simple hecho de no estar de acuerdo con el cónyuge para decidir quién participará en determinadas actividades con los hijos, será motivo de conflicto, porque ambos se atribuyen mayor número de actividades en el hogar y así mismo, querrán delegar al otro la responsabilidad que les corresponde.

3.- ¿CÓMO Y EN QUÉ SE GASTA EL DINERO?

¿QUIÉN PRODUCE Y QUIÉN LO ADMINISTRA?

Por lo regular y por cuestiones de cultura, se dice que es el hombre el que provee, administra y gasta el dinero; pero eso también puede generar un serio conflicto porque cuando no se hace en el orden de Dios, se produce desconfianza entre ambos. Uno de ellos podrá esconder lo que se gana de más; así cuando el engaño es descubierto, el cónyuge afectado se siente muy traicionado.

4.- PROBLEMAS SEXUALES

El cuarto conflicto en el matrimonio es el área sexual; no obstante que lo he señalado de último, es el que mayor problemas produce en la pareja, y el cual por lo regular, surge en el tercer año de la vida conyugal porque es ahí, cuando se empieza a perder la atracción física del uno hacia el otro.

La pregunta sería... ¿si se sabe cuál es el motivo de los problemas en el área sexual dentro del matrimonio, porque no se busca la forma para que estos desaparezcan?

Quizá alguien pueda pensar que en lugar de abordar este tipo de temas en un libro como este, se deberia hablar de la fe; sin embargo es importante entender que cada área debe tratarse en su lugar y momento oportuno. Dios le advierte a Su pueblo, de todas las formas que el enemigo usará en el área sexual para traer tentación en el matrimonio.

Dentro de la escuela de la sexualidad, existen algunas corrientes filosóficas que mantienen una posición marcada, como que la actividad sexual es generada por el hombre, quien es activo y fuerte, mientras que la mujer pasiva o lenta. Esto es simplemente una filosofía errónea, y que además no es bíblica, porque entonces no tendría sentido el texto base que describí al inicio de este capítulo; cuando la Biblia dice que los cónyuges no deben negarse el uno al otro; lo cual demuestra que debe existir un mutuo acuerdo, hasta en el área sexual.

Bíblicamente una pareja cristiana se pueden negar, si ambos están de acuerdo para dedicarse por un tiempo a la oración y después volverse a juntar. La intimidad es un compromiso participativo de la pareja, porque ambos aportan, reciben y son felices; el problema se inicia cuando no se procede al deber que tiene cada cónyuge, y es entonces cuando entra Satanás a tentar a cualquier pareja de esposos, a causa de la abstinencia de tipo sexual.

Por eso es que cuando no se paga el débito conyugal, se coloca en tentación al cónyuge el cual queda en descontrol por varias razones. Si por una desavenencia, el uno le dice al otro que no tendrán intimidad por seis meses; el que está recibiendo la noticia, queda en descontrol; puede caer en incontinencia aun en su carácter, porque habrá no solo una desproporción sexual sino, emocional, económica (gastando dinero exageradamente)

La palabra incontinencia es sinónimo de perder el control de lo que sea y es precisamente en ese punto donde Satanás aprovechará para entrar a tentar a las parejas cuando no se está pagando el débito conyugal.

PROBLEMAS QUE CAUSAN DISFUNCIÓN SEXUAL

1- Actitudes sexuales en la pareja.
2- El desconocimiento acerca de la sexualidad.
3- El problema de las disfunciones.

Cuando se carece de una educación sexual se le suma lo que se conoce como: *LOS PAQUETES DE LA SEXUALIDAD*; en estos paquetes existe una lista de situaciones que pueden causar falsas expectativas respecto a la vida íntima, por ejemplo:

1- Los miedos que existen en la pareja cada vez que tengan intimidad.
2- La vergüenza que puede estar presente por algún complejo en el cuerpo.
3- Las culpas por algo que se vivió en el pasado.
4- Los tabúes que la persona tiene porque sus

padres nunca abordaron ese tipo de temas.

5- Los mitos.
6- Las percepciones.
7- Las herencias.
8- Las preferencias.
9- Los conocimientos.
10- Las ideas erróneas del cuerpo.
11- Las ideas del placer sexual.

Cuando se tiene el paquete de la sexualidad equivocada; las expectativas de la vida íntima, son mal concebidas y es ahí donde comienzan los problemas; de tal manera que cuando se comete una falta del pago del débito sexual, uno al otro se dañan porque hacen que caigan en tentación y entran en una batalla mental que hace que sus mentes atraigan espíritus íncubos o súcubos.

Además se añaden a esta lista, los espíritus de adulterio, pornografía, y masturbación que colocan tropiezo al conyugue afectado; porque al áste saber que no recibirá el pago conyugal, tendrá que estar batallando con esa situación en su vida.

¿QUÉ ES INCONTINENCIA SEXUAL?

Es una situación que vive una persona que no puede reprimir sus deseos y pasiones sexuales.

Quien sufre de este síndrome, tampoco podrá tener dominio propio en otras áreas, como el dinero, la comida y puede estar bajo el efecto de la ley del péndulo, es decir; que si él o ella, no recibe sexualidad en su matrimonio y es llevado a la total suspensión de la intimidad sexual, éso le conllevará a que llegue al extremo de saciar su deseo sexual con otra persona desenfrenadamente. Esto se producirá debido a que al haber estado en un tiempo de total sequedad sexual en su matrimonio, caerá en una abundancia de sexo ilícito. La tentación de la incontinencia sexual es lo que puede llevar a la persona, a que viva una vida descontrolada y romper así los principios que Dios ha establecido en el matrimonio.

Otros de los conflictos que también producen incontinencia sexual, es creer que alguien tiene problemas psicológicos en esa área y al buscar ayuda de tipo profesional, ese mismo apoyo, podría terminar de provocar más incontinencia sexual. Sin mencionar que así como la rutina destruye muchas cosas en la vida; de igual forma la rutina sexual producirá finalmente un aburrimiento, que destruirá la felicidad que produce la verdadera intimidad sexual en el matrimonio. Por eso es que si algo ha pasado en la vida de la pareja, y se ha perdido el interés en la vida íntima, es posible que se esté batallando con la rutina.

Cuando se cae en la rutina, es porque se ha pasado por alto el fulgor de aquella pasión inicial que estuvo presente en los primeros momentos de relación íntima. En esa época parecía que no había nada que distrajera a la pareja para llegar a casa y así tener intimidad con su cónyuge. El matrimonio debe llevar implícita la creatividad; claro, sin que esto le abra puertas al lecho con mancilla, porque Dios estableció las relaciones sexuales con cuatro propósitos básicos:

1- La procreación (esto es la multiplicación).
2- Disfrutarla con el cónyuge (significa alcanzar ambos el placer).
3- Comunicarse íntimamente (es la comunicación que va más allá que palabras).
4- El sexo es una deuda a responder en el matrimonio (reconocer las necesidades sexuales y las sensibilidades que están implícitas en cada pareja).

Cada uno debe buscar esa sensibilidad en su cónyuge, ya que una vez casados, sus cuerpos no les pertenecen a sí mismos; como dice la Biblia, la esposa es dueña del cuerpo del esposo y el esposo es dueño del cuerpo de la esposa; por eso es que cada uno debe buscar la necesidad y sensibilidad de su cónyuge, convirtiéndose en una de las principales cosas que se deben buscar en el matrimonio.

Lamentablemente en algunas culturas orientales, a la mujer la tratan como objeto sexual al punto que su órgano reproductor, lo operan quirúrgicamente para que no pueda sentir placer alguno cuando esté en intimidad con su esposo, y que el hombre tenga la libertad de tener muchas esposas. Por eso es que la mujer crece con la idea que ella existe solamente para nacer, crecer, y reproducirse, sin conocer nunca el placer de tipo sexual.

La Biblia enseña, que cada cónyuge debe pagar su debito sexual, y aportar su sexualidad en el matrimonio. Hoy, a la luz de la palabra se enseña con el propósito de contrarrestar el ataque del diablo en contra de la unidad conyugal; principalmente de cristianos, porque lamentablemente hoy en día existen muchos divorcios a consecuencia de no estar satisfechos con el tipo de vida íntima que llevan.

Por eso es importante desarrollar en su oportunidad, estos temas tan importantes para el crecimiento saludable de los matrimonios:

1- Luces de la intimidad.
2- El componente del amor matrimonial.

3- La sexualidad bíblica en el matrimonio.
4- Las bases biológicas de la sexualidad en el matrimonio.
5- Los factores que crean los conflictos en el matrimonio.
6- Los niveles de sexualidad en el matrimonio.
7- Los ciclos de las respuestas.
8- Las disfunciones sexuales.
9- La sexualidad saludable.
10- Matrimonio y sexualidad.

El desarrollo de estos temas fortalecerá la relación matrimonial y mantendrán una vida saludable en el área sexual.

Cantares 2:3 [LBLA] Como el manzano entre los árboles del bosque, así es mi amado entre los jóvenes. A su sombra placentera me he sentado, y su fruto es dulce a mi paladar.

En el libro de Cantar de los Cantares se encuentra la forma con la que Dios se refiere a Su Iglesia y la sabiduría que se necesita para aplicarla en el matrimonio, y para ese efecto; veremos entonces que la sexualidad tiene tres niveles:

1- Físico
2- Mental o psicológico
3- Espiritual

1.- EL NIVEL DE LOS FÍSICO

El 95% de los medios de comunicación enfatizan su publicidad en satisfacer las necesidades físicas del hombre. Esto es erróneo porque lo que ellos enseñan es que las necesidades fisiológicas deben ser completamente suplidas. Aquí no hay punto de comparación porque si alguien no come, efectivamente puede morirse, sin embargo nadie fallece por no tener sexo.

El problema es que la psicología enseña (incluso en los establecimientos educativos), que no hay ningún problema en que una persona se masturbe porque ellos creen que el efecto será solamente físico.

A las jovencitas entre los once y trece años de edad, les dicen que pueden empezar a tener sus primeras experiencias íntimas, solamente recomendándoles que usen preservativo.

Psicoanalistas como Sigmund Freud aseguran que el aspecto sexual solamente está ligado al físico. Pero también existen los que afirman que un buen nivel sexual, puede ayudar a tener una vida mental y psicológica en niveles óptimos; dicho en otras palabras, la persona que no lleva una vida sexual normal, puede tener desórdenes mentales.

Si una mujer fue afectada en el área sexual antes de llegar al matrimonio y no fue restaurada en ese punto; sus primeras experiencias sexuales con su esposo, tendrán efectos psicológicos que no la dejaran tener una vida sana en su intimidad.

De igual manera sucede con el hombre, si fue abusado cuando era niño y llega al matrimonio sin haber sido sanado, tendrá problemas para satisfacer a su esposa por el efecto que eso causo en él.

Aquí no se trata de decir que para tener una buena relación sexual, hay que convertirse en personas espirituales, y que se debe orar antes de tener relaciones íntimas con el cónyuge; sin embargo este tema, si conlleva cierto nivel de espiritualidad porque la idea central de la sexualidad vino de Dios; y fue por eso que Él dotó a la humanidad de género y de placer sexual.

Dios desea que los esposos sean conscientes que los cuerpos fueron diseñados para descubrirse y provocarse el uno al otro; eso es algo que no se puede negar. El Creador puso en el cuerpo del hombre y la mujer, partes erógenas, las cuales producen excitación y son precisamente para que ambos sientan lo mismo cuando están en intimidad sexual.

Lamentablemente en la mayoría de casos, la mujer se queja porque el esposo quiere tener intimidad con ella, sin que hubiera un momento previo al acto sexual; cayendo con esto en la irracionalidad sexual (como si fueran animales).

Dios no hizo al hombre así; Él dejó un nivel físico para que uno a otro se puedan descubrir y pasar así al siguiente nivel. Cuando eso no se toma en cuenta, cualquiera de los dos se siente como un objeto sexual y es ahí donde empiezan los conflictos porque se sienten usados.

2.- EL NIVEL DE LO PSICOLÓGICO

Alrededor del 80% de la actividad sexual es psicológica, mental, imaginaria y fantasiosa; eso significa que las parejas con un equilibrado nivel psicológico, son las que disfrutarán su vida íntima. Para que esto suceda es necesario que el alma esté en paz; que no tenga heridas causadas por el pasado y así pueda, disfrutar de la intimidad en el orden de Dios.

Es un proceso que necesitará de educación sexual, lectura y conversaciones sanas entre ambos. Hay que vencer todo tipo de ataduras en el alma y renunciar a las emociones negativas, que desestabilizan el ser interior del hombre. Espíritus de culpa, miedo, traumas de toda índole, y complejos, son elementos que se deben vencer en el nombre de Jesús, porque cuando no se trabaja en esta área, la siguiente vez que se tengan relaciones sexuales, será un verdadero tormento.

Una amarga experiencia que haya dejado un mal sabor en el pasado, puede crear algunas barreras al momento de tener intimidad. Algunos no buscan el lecho hasta que están seguros que su cónyuge está profundamente dormido y que no reaccionará negativamente al momento de la intimidad. Esta situación no puede ser sana, porque se está durmiendo al lado de una persona que no tiene un deleite en el acto sexual.

3.- EL NIVEL DE LO ESPIRITUAL

Para que exista una verdadera armonía al momento del encuentro sexual, debe haber un equilibrio en las áreas físicas y psicológicas, para que ambos puedan llegar al nivel del clímax. Es ahí en ese punto, donde se perderá la noción del tiempo y el espacio, pues es en ese período, donde la máxima expresión de la relación sexual, durará entre diez y quince segundos. En este momento, la gente se olvida de todo lo que tiene a su alrededor, sus problemas y las situaciones de la vida cotidiana. Es un instante tan pequeño que no importa nada; es algo que solamente se experimenta en la intimidad sexual porque es un diseño de dos.

Para que haya un buen matrimonio debe haber amor en la pareja y respeto mutuo; sabiendo que amor no es solo el acto sexual; sino que dentro de él, está la intimidad. Cuando esto ocurre en una pareja, se puede decir que los que se aman de verdad son lo que tienen esta maravillosa experiencia y eso Dios lo permite dentro de la unidad conyugal.

Existe un personaje en la Biblia que llegó a tener mil mujeres y al final dijo que el hombre no sabe de amor, su nombre: Salomón, a quien se le conoce como el hombre más sabio sobre la faz de la tierra.

Si desde la niñez, al ser humano se le instruye acerca de lo que es la sexualidad, se evitarían muchos problemas al momento del matrimonio; obviamente no se trata de la educación que hoy en día están recibiendo los niños y jóvenes acerca del sexo, porque eso es una instrucción muy diferente a lo que dice la Biblia.

¿Por qué se debe tener un ritmo o frecuencia

normal en la sexualidad?, porque es anormal que un matrimonio tenga intimidad sexual cada cuatro, cinco o seis meses.

¿CUÁLES SON LOS BENEFICIOS DE LA RELACIÓN SEXUAL?

1- Se beneficia la salud del corazón.
2- Se beneficia el trabajo de los pulmones.
3- Se beneficia la circulación de la sangre.
4- Ayuda al flujo normal de los pensamientos.
5- Libera estrés y tención del cuerpo.
6- Ayuda a dormir.
7- En el caso de las mujeres, les ayuda a ser más resistentes al dolor.
8- En una relación sexual se queman de cien a ciento cincuenta calorías.
9- El corazón llega a latir hasta ciento treinta latidos por minuto.
10- La piel se vuelve flexible y elástica; mejora el tono y el color hasta regenerarse.

Lo interesante es que si Dios fue el que instituyó el sexo en el matrimonio, lo diseñó de tal forma que puedas tener el beneficio completo. Esto no es la idea morbosa del mundo, esto es lo que la Biblia dice y los beneficios colaterales que se encuentra en ella.

Si has entendido cada tema que he podido compartir contigo a través de la lectura de este libro, conocerás definitivamente a partir de este momento todo lo que Dios ha puesto en tu vida para que puedas ser más que un vencedor o vencedora derrotando en el nombre poderoso de Jesucristo todos los *MODUS OPERANDI DE LAS TINIEBLAS*, levantándote en una renovada fuerza esgrimiendo en tus manos la Espada del Espíritu que es la Palabra del Dios Todopoderoso.

Otras Obras del Autor

Otras Obras del Autor

Otras Obras del Autor

Otras Obras del Autor

Otras Obras de JVH Pubications

Otras Obras de JVH Publications

Otras Obras de JVH Publications

Otras Obras de JVH Publications

68140299R00202

Made in the USA
San Bernardino, CA
30 January 2018